PARIS

D'ÉMILE ZOLA

Raconté par TOUCHATOUT

DÉPOT LÉGAL
Seine
Nᵒ 1016
1898

249ᵐᵉ mille

NOTA. — *Pour ne pas faire comme tout le monde, nous numérotons nos éditions en redescendant, et en commençant par le 250ᵉ mille.*

PRIX : 1 FRANC

EN VENTE AUX BUREAUX DU *Tintamarre*, 24, RUE CHAUCHAT

PARIS

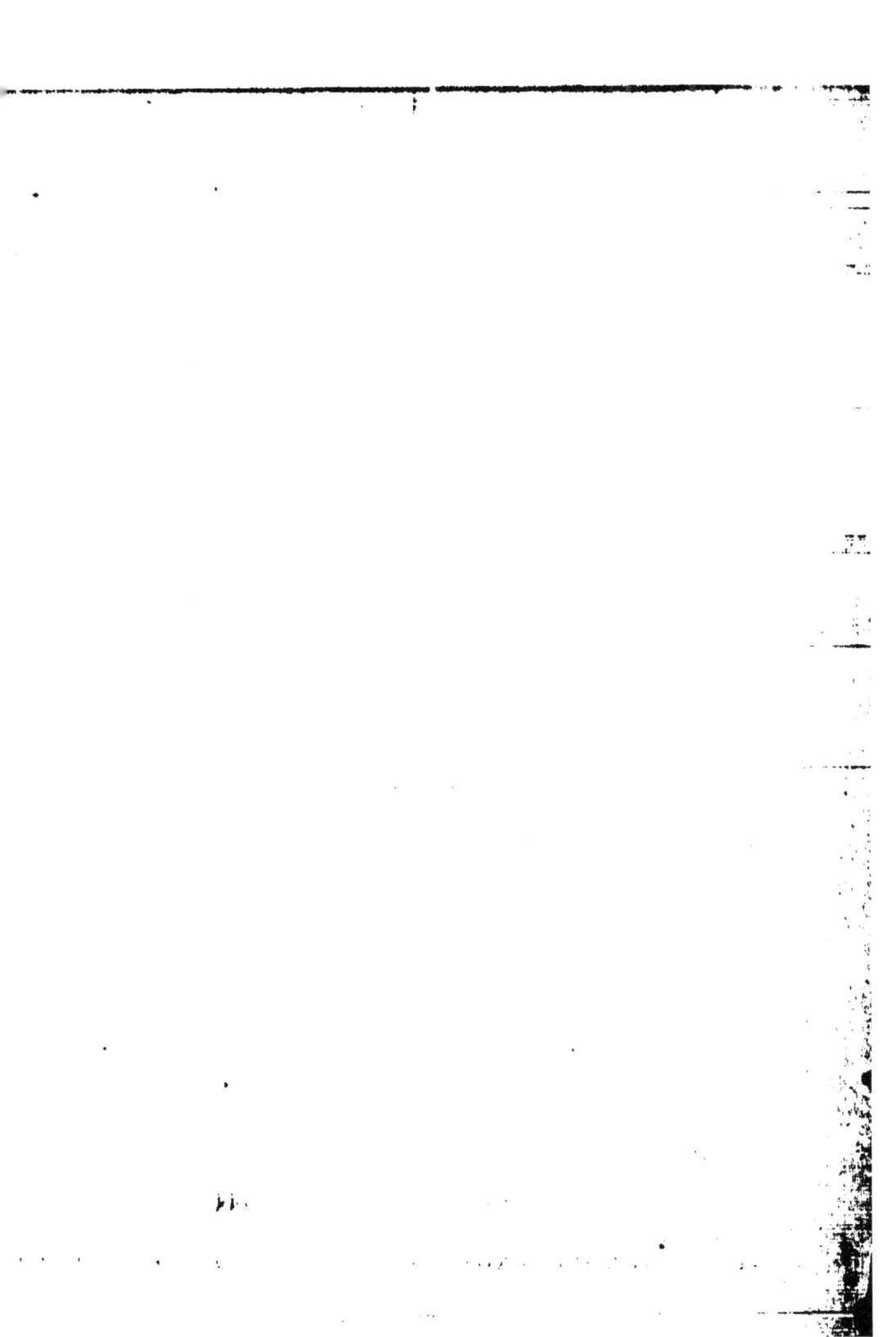

PARIS

D'Emile ZOLA, par TOUCHATOUT

— Allô!... Allô!... Mademoiselle... s'il vous plaît... la communication avec...

— Avec qui, monsieur?

— Avec... tous vos abonnés.

— Bien, monsieur... Voilà.

— Merci, mademoiselle... Mais n'écoutez pas trop dans le cornet, n'est-ce pas? Ça sera peut-être un peu gras quelquefois.

— Soyez tranquille, monsieur... Je me souviens de la grande scène de *Rome*... vous savez... celle où Benedetta, sa chemise sur le dos... d'un fauteuil...

— Oui, mademoiselle, je sais... N'insistez pas.

— Ma tante, à qui j'ai raconté la chose, en est encore toute rouge... Alors, vous comprenez...

— Allô!... Allô!... Bien, mademoiselle, merci.

— Allô! Allô! Adieu, monsieur... vous pouvez parler...

— Allô!... Allô!... Vous y êtes tous, messieurs, mesdames? Nous commençons.

Livre premier

I

Nous retrouvons, au début de cet ouvrage, notre grand flanchard d'abbé Pierre Froment, revenu découragé de Rome, comme il était revenu dégoûté de L(B)ourdes. Il se promène, un matin de janvier, devant la basilique du Sacré-Cœur de Montmartre, où il va entrer dire sa messe ; car il est bon de dire que, depuis trois ans que Pierre est revenu de Rome bien décidé à fonder une nouvelle relig on, il a continué à pratiquer et à enseigner l'ancienne en confessant des femmes hystériques et en s'affublant, pour avaler des pains à cacheter, de costumes absolument grotesques.

Avant d'entrer dans l'église, Pierre Froment...

— Allô !... Allô !... Il est toujours bien entendu, n'est-ce pas, chers téléphorespondants, que, comme nous l'avons fait pour *L(B)ourdes* et pour *Rome*, nous vous guillemetons les passages textuels du livre que nous avons l'honneur d'analyser, afin qu'il n'y ait aucun malentendu. Allô !... Allô !... Comment dites-vous, cher téléphorespondant qui me parlez, je crois?... Allô !... Allô !... Ah ! très bien... je vous comprends... Vous me demandez, n'est-ce pas? comment vous pourrez reconnaître les passages qui sont guillemetés dans un récit qui

vous arrive par le téléphone ? Allô !... Allô !...
Vous avez raison... je n'y avais pas pensé. Allô !...
Allô !... Eh bien, si vous voulez, nous conviendrons que, pour les passages textuels et guillemetés,
je vous parlerai du nez. Allô !... Allô !... Ça vous
va ?... Allons... c'est convenu... nous continuons.

« *Avant d'entrer dans l'église, Pierre Froment, sur la butte, regarda Paris dont la mer immense se déroulait à ses pieds.* » (*Sic.*)

Un instant, il eut la forte démangeaison de
faire, comme il l'avait fait à Rome trois ans auparavant sur les hauteurs de San Pietro in Monterio,
une description complète de tous les monuments
de Paris ; mais il se retint, pensant que les Parisiens, qui savent qu'ils peuvent trouver ça dans
Dulaure, se ficheraient peut-être de lui.

Il se contenta de constater que tout l'est de la
ville était composé des quartiers de misère et de
travail où l'on crève de faim, tandis que l'ouest
était composé de ceux où l'on fait la noce..... et
rien autre chose.

Il s'apprêtait à conclure que tout cela était un
état de choses dégoûtant quand il fut accosté par
l'abbé Rose, une bonne pâte de prêtre, qui le pria
de porter trois francs de sa part à un pauvre ouvrier dans la débine, nommé Laveuve, et habitant
dans le quartier.

— *Mais pourquoi n'allez-vous pas lui faire
votre aumône vous-même ?* (*Sic*) lui dit Pierre.

Alors, l'abbé Rose lui répondit qu'il ne pouvait

pas, et lui conta ses mésaventures. Il avait été disgracié et fortement secoué par ses supérieurs parce que, de son petit rez-de-chaussée de garçon de la rue de Charonne, il avait fait une sorte d'asile dans lequel, naïvement, il donnait l'hospitalité à tous les malheureux qui ne savaient où aller coucher. Des pas grand'chose et des rien du tout des deux sexes avaient, disait-on, abusé de sa candeur et fait de son saint asile une sorte d'hôtel garni interlope. Le potin était arrivé aux oreilles de ces messieurs du haut clergé comme il faut, et l'abbé Rose avait été envoyé comme vicaire à Saint-Pierre de Montmartre. Il se sentait surveillé et n'osait plus donner dix sous à un pauvre dans la crainte d'être tout à fait révoqué.

Pierre promit de porter les trois francs le jour même et entra dans la basilique pour y dire sa messe, un peu troublé par le récit du bon abbé Rose, et pensant :

— Drôles de types tout de même que ces représentants d'un Dieu d'amour et de bonté qui ne veulent permettre à un des leurs que de faire des aumônes *select* qui puissent être publiées dans les échos mondains du *Gaulots* !.. Jésus n'y regardait pas de si près, lui, quand il partageait son morceau de pain avec des filles publiques !...

Ces réflexions, et pas mal d'autres qu'elles avaient amenées, le troublèrent énormément pendant qu'il disait sa messe ; et il eut des distractions

incroyables qui l'eussent fait siffler à outrance
sur un théâtre de banlieue.

Enjoignant les mains, agenouillé devant l'autel,
dans l'attitude de la plus profonde des adorations,
il pensait que décidément tout était à chambarder
dans cette société dégoûtante, « et qu'il n'y avait
« plus à attendre que la catastrophe finale, iné-
« vitable, la révolte, le massacre, l'incendie,
« qui devaient balayer un monde coupable et
« condamné ». — (Sic.) — Et alors, s'oubliant, il
disjoignait ses deux mains et montrait le poing
au Christ d'un geste rageur qui semblait dire :

— C'que j't'en prépare une marmite à renversement, toi, mon vieux !...

Les assistants ne comprenaient rien à cette
pantomime.

Puis, pendant qu'il faisait toujours machinalement ses gestes d'officiant rompu au métier, son
henneton marchait toujours.

Il se bredouillait à lui-même un tas d'injures,
que les assistants prenaient pour les prières ordi-
naires, parce que, entraîné par l'habitude, il
terminait chacune des phrases de son monologue
sourd par des « unt », des « us » et des « um »
qui faisaient illusion.

Mais, en réalité, voici quelques-unes des choses
qu'il se mâchonnait d'un air furieux :

— Imbécillus !... faut-il que tu sois godichum
et même pas mal crapulardunt de continueribus à
enseignare à tes semblables un tas de foutainai-

ribas auxquelles tu ne crois plusirum toi-mê-
mus !... « *La simplum probitas ne me comman-*
« *de-t-elle pasinus de jetare la soutanum et de*
« *retournare parmi les hommus ? N'est-il pas là-*
« *chirum et dangereustbas de laissare vivrum les*
« *faulus dans leur superstitium* ?.. » — (c...
moins les terminaisons latines.)

Et les assistants grognaient : « *Amen* !... » à
chaque bout de phrase, sans se douter de ce qu'il
y avait au juste dedans.

Ils ne s'aperçurent pas davantage qu'au moment
de l'élévation, l'abbé Pierre, profitant de ce qu'il
avait quelque chose à élever, haussa par trois fois
les épaules d'un air dégoûté. Pas plus que du
mouvement d'impatience qu'il eut en essuyant le
calice, après l'avoir vidé d'un trait comme un
bock, mouvement dans lequel un observateur atten-
tif eût parfaitement pu lire cette résolution de
Pierre : Ce que je vais les lâcher et entrer à l'*In-
transigeant* !...

Mais, comme nous avons eu souvent l'occasion
de le constater dans *Rome* et dans *L(B)ourdes*,
les résolutions de l'abbé Pierre ne résistaient pas
au grand air. Il en fut encore de même cette fois.
Sa messe terminée, il sortit de la basilique ne
pensant plus à autre chose qu'à en dire une autre
le lendemain et jours suivants.

Immédiatement l'abbé Pierre se dirigea vers la
rue des Saules où demeurait le pauvre ouvrier

Laveuve, à qui l'abbé Rose l'avait chargé de porter trois francs.

La maison, espèce de caserne, où logeait Laveuve, était un taudis infect habité par un tas de loqueteux, de galeux et de soulauds, qui battaient leurs femmes dans les escaliers, vomissaient dans la cour par les fenêtres sans carreaux et pissaient dans les boîtes à lait suspendues le matin aux boutons de portes des logements.

Les locataires, que croisa l'abbé Pierre en traversant la cour, le regardaient avec un certain dégoût à cause de sa soutane. Ils avaient tous l'air de se dire :

— Qu'est-ce qu'il vient faire ici ce ratichon-là ?

L'abbé Pierre eut assez de peine à se faire enseigner le logement du vieux Laveuve, parce que celui-ci n'était guère connu dans la maison que sous le nom du : *philosophe*, à cause de son caractère Diogénien.

Cependant, il y parvint, conduit par Mme Théodore, une locataire moins aigre que les autres.

Là, le spectacle était navrant : le vieux Laveuve « *étendu sur une sale paillasse dans une chambre* « *noire sans air* ». (Sic.)

Pierre lui donna les trois francs de l'abbé Rose. On envoya chercher un litre de vin et du pain, car « *le père Laveuve n'avait pas mangé depuis deux* « *jours* ». (Sic.) Et l'abbé Pierre le quitta, de plus en plus convaincu qu'il y avait quelque chose à faire pour les malheureux en dehors du denier de Saint Pierre.

Il redescendit avec Mme Théodore et entra chez elle pour lui écrire son adresse. Celle-ci profita de l'occasion pour lui raconter son histoire.

Abandonnée par son mari, Théodore Labitte, un maçon ivrogne qui la rouait de coups, elle était maintenant avec Salvat, — pas mariée; collée seulement. — Salvat, qui avait été le mari de sa sœur, était devenu veuf. C'était un bon ouvrier mécanicien, mais qui était les trois quarts du temps dans la débine à cause de ses idées un peu anarchistes qui le faisaient renvoyer de partout.

Cette confidence ne surprit qu'à moitié l'abbé Pierre; car tout à l'heure, en entrant chez Salvat, il avait remarqué, causant rapidement et à voix basse avec lui, un type qui lui avait paru suspect.

C'était « *un jeune homme d'une vingtaine d'années, brun, les cheveux taillés en brosse, les yeux clairs, un nez droit, les lèvres minces, une face pâle de vive intelligence, le front dur et têtu* ». (Sic.)

De plus, les deux hommes en voyant entrer l'abbé Pierre l'avaient regardé avec un air terrible, s'étaient tus tout à coup et avaient décampé d'un air qui n'annonçait pas grand'chose de bon.

Et Pierre, en voyant s'éloigner ce jeune brun pâle, qui s'appelait, paraît-il, Victor Mathis, pensa:

— Ça sent la bombe!...

Cette réflexion ne tarda pas à être confirmée

par Mme Théodore qui, une fois les deux hommes partis, dit à Pierre :

« — *Ce Victor Mathis !... en voilà un qui n'est pas heureux !.. Un jeune homme très bien élevé, très instruit, et dont la mère a juste de quoi manger du pain. Alors, on comprend, n'est-ce pas ? que ça leur tourne la tête et qu'ils parlent de faire sauter tout le monde.* » — (Sic.)

— Bign !!.. pensa Pierre, ça y est !... V'là c'que j'craignais !.. On va avoir du chambard !...

Puis elle parla de Salvat, qu'elle représenta à l'abbé Pierre comme un brave homme, ouvrier courageux, mais s'occupant trop de politique et *« rêvant trop le bonheur de tous »*. (Sic.)

Ce qui fit que Pierre en s'en allant, après avoir donné cinq francs à la petite fille de Mme Théodore, pensa :

— C'est bien ça... nous y sommes en plein !...

II

Nous sommes chez les Duvillard, rue Godot-de-Mauroy, dans un hôtel royal. C'est beaucoup moins malpropre que le taudis habité par le père Laveuve, d'où nous sortons; mais les types qui l'habitent sont beaucoup plus sales.

Le baron Duvillard, fils et petit-fils d'escrocs qui se sont enrichis dans tous les *« vols célèbres »* (Sic) du premier et du second empire, de la dernière royauté de 183) et des deuxième et troisième Républiques : agio sur les biens nationaux, fournitures des armées impériales, spéculations sur les mines, Suez, Panama et tout le bataclan, cette noble fripouille de baron Duvillard, disions-nous, est étendu dans son salon somptueux.

Il attend du monde à déjeuner; et en attendant, il lit un journal, *la Voix du Peuple*, dans lequel on vend la mèche de la grande affaire des chemins de fer africains, promettant pour le lendemain la publication des noms des « *trente-deux députés* « *et sénateurs dont le baron Duvillard avait* « *acheté les voix moyennant vingt-cinq millions* « *lors du vote des Chambres sur les chemins de fer* « *africains* ». (Sic.)

Le baron Duvillard fait semblant de dédaigner; mais au fond, il n'en mène pas large.

Arrive un premier convive à qui le baron montre le journal en ricanant :

— Qu'est-ce que vous dites de ça, Duthil ?

Duthil était un jeune député noceur que l'on devinait du premier coup devoir figurer en bonne place dans la fameuse liste des trente-deux.

En lisant l'article de la *Voix du Peuple*, il fut pris d'un assez fort trac qu'il dissimula mal. Mais le baron Duvillard, heureux d'avoir fait cette bonne rosserie d'affoler un confrère, le rassura en lui disant :

« — Bah!... l'a-t-il seulement la liste ? Et puis...

« *il ne s'y est fait que ce qu'on a toujours fait*
« *dans des affaires semblables.* » (*Sic.*)

Ce dernier mot nous dispense de présenter plus
longuement nos personnages ; nous nous savons
maintenant en pleine potdevinière.

Un petit détail complète ce tableau charmant :

« — *A propos,* » dit le baron à Duthil, « *vous*
« *avez vu Sylviane ?* (*Sic.*)

« — *Oui, elle est furieuse contre vous. Vous*
« *lui aviez promis votre protection pour la faire*
« *jouer* Polyeucte *à la Comédie-Française, et le*
« *ministre ne veut pas la nommer* » (*Sic*), parce
qu'elle a des mœurs trop...

Duthil n'acheva pas, la baronne Duvillard
entrait dans le salon.

Le baron grommela furieux :

« — *Le ministre... le ministre... Ah !... ce que*
« *je vais le faire sauter ce ministre-là !...* » (*Sic.*)

Inutile, n'est-ce pas, de préciser la situation, et
de dire que le baron Duvillard était un vieux salo-
piot et que la Sylviane était sa gouine.

C'est beau tout de même !.. la concentration des
groupes !...

Présentons maintenant M⁰ᵉ la baronne Duvillard :

« *46 ans, belle encore, blonde, grande, grasse,*
« *d'origine juive, mais s'étant faite catholique à*
« *45 ans pour faire plaisir à son second amant,*
« *le baron Gérard de Quinsac.* » (*Sic.*)

Tiens... justement au moment où nous parlons
de lui, le voilà qui entre. Il vient déjeuner. Le

baron Duvillard le reçoit d'une façon charmante,
— naturellement ! — et le laisse tout de suite seul
avec sa femme, — re-naturellement —, pour aller
causer affaires avec Duthil dans son cabinet. «

Très grand et bel homme de trente-cinq ans, ce
Gérard de Quinsac, et la belle baronne Duvillard,
quand ils furent seuls, l'enveloppa de « *son bel œil*
« *bleu d'une douceur voluptueuse* ». (*Sic.*)

Le baron de Quinsac était le second amant de la
baronne Duvillard. Délaissée par son polisson de
mari, elle en avait pris un, il y a une quinzaine
d'années. Il était mort; alors, inconsolable, six
mois après elle en avait pris un autre : Gérard, de
dix ans plus jeune qu'elle, et s'apprêtait évidemment à en prendre un troisième de vingt-cinq ans
quand elle aurait .. fini celui-ci, car elle ne se
faisait aucune illusion sur sa solidité; Gérard, en
dépit de son apparence robuste, était, la baronne
le savait mieux que personne, une véritable loque.
« *Il n'était que cendre, toujours menacé de la*
« *maladie et de l'écroulement, et au fond de sa*
« *virilité apparente, il n'y avait qu'un abandon*
« *de fille, un être faible capable de toutes les dé-*
« *chéances.* » (*Sic.*) Enfin, tel qu'il était, elle le gar-
dait par habitude, se résignant à lui faire à certains
moments un escompte de 85 0/0, ce qui était
souvent un peu dur — un peu dur est une ma-
nière de parler — pour une femme de son tempérament. «

Ce jour-là, la baronne paraissait un peu impadiente. Elle faisait à Gérard des reproches d'esquiver depuis longtemps les rendez-vous qu'elle lui donnait dans sa petite garçonnière de la rue Matignon ; si bien que, mis au pied du mur, Gérard, en pensant tout bas : « Quel bassin !... » se laissa aller à lui dire :

« — *Eh bien! cet après-midi, si vous voulez, à* « *quatre heures, comme d'habitude.* » (*Sic.*)

Mais, à l'aide des rayons X..., il eût été facile de lire en lui cette pensée intime :

— Comme une bonne manille au cercle m'irait mieux !...

A ce moment, les deux amoureux, dont l'un qui ne l'était guère, durent baisser la voix. Camille, la fille de la baronne, entrait. Et comme c'était une petite bossue très maligne, très gouailleuse et très rossarde, qui ne pouvait pardonner à sa mère de l'avoir faite laide et d'être restée belle jusqu'à quarante-six ans, elle comprit très vite, à l'air embarrassé de sa mère et du baron, qu'ils n'étaient pas en train, lorsqu'elle était entrée, d'étudier la question de la reconstruction de la Cour des Comptes.

Ajoutons qu'un hanneton tout particulier hantait depuis déjà pas mal de temps le petit cerveau futé de Camille. Elle avait décidé, dans sa volonté féroce, — et dans « féroce », comme l'a dit le poète, il y a : ...parfaitement, — « *de prendre à sa mère* « *son dernier amant et de se faire épouser par ce*

« *Gérard, dont la perte la tuerait, sans doute* »
(*Sic.*)

Grâce à ses cinq millions de dot, elle ne doutait
pas qu'elle pût captiver cette belle ganache, sur
les moyens d'action de laquelle elle ne se faisait
pas beaucoup d'illusions, car elle était très rouée en
sa qualité de bossue. Elle se disait :

— Ça m'étonnerait bien que j'en aie pour mon
argent ; mais si maman en claque, je n'aurai pas
tout perdu.

C'est beau, la famille !...

Comme elle l'avait prévu, Gérard commençait
à donner dans le traquenard, et se faisait petit à
petit à l'idée « *de se laisser épouser* » (sic) par
cette petite biscornue.

Il pensait bien quelquefois qu'étendue sur le
dos, ça devait faire des vallonnements ; mais il se
disait qu'en mettant, comme cale, ses cinq millions sous l'autre épaule, ça nivellerait bien des
choses.

A ce moment, Hyacinthe, le frère de Cécile,
entra. Vingt ans, l'air éreinté. De sa mère, « *la
face allongée d'orientale langueur* » (*Sic*) ; de
son père, « *la bouche épaisse d'appétits sans scru-
pules* ». (*Sic.*) — Quelle belle rime à : crapules !...

— Bon à rien, fréquentant les cabots, tour à tour
« *collectiviste, individualiste, anarchiste, pessi-
miste, symboliste, même sodomiste* ». (*Sic.*) Un
vrai type du siècle.

Après lui arrivèrent les deux derniers convives

attendus. D'abord le juge d'instruction Amadieu :
45 ans, la face plate; le caractère aussi probablement, mondain, ambitieux; enfin tout ce qui va
avec son sale métier. Puis le général de Bozonnet,
oncle maternel de Gérard de Quinsac; « *grand*
« *vieillard sec au nez en bec d'aigle, bonapar-*
« *tiste par reconnaissance malgré ses attaches*
« *profondément monarchiques* ». (*Sic.*)

Et l'on se mit à table.

Le déjeuner fut gai, et la conversation roula
naturellement sur le fameux article de la *Voix du
Peuple*, le baron Duvillard et Duthil affectant de
ricaner de ce potin comme des gens qui n'ont rien
à craindre.

« — *Encore le Panama qui recommence!...* »
(*sic*), dit Duthil en se tordant. « *Ah!... non... nous*
« *en avons assez !... ». (Sic.)*

A quoi, d'un air grave, le juge d'instruction
Amadieu répliqua :

« — *Cette presse de diffamation et de scandale*
« *est un dissolvant qui achèvera la France !... Il*
« *faudrait des lois!... » (Sic.)*

Inutile de dire qu'aucun des convives n'eut
l'idée de répondre au père Amadieu :

— Évidemment, si on avait des lois qui empê-
chent de dénoncer les coquins, on n'aurait pas
besoin d'en avoir pour les punir; ce serait une
économie.

Le déjeuner s'acheva en gais potins. On cassait
du sucre sur le dos de tous les bons petits amis.

Pas un, pas une qui ne fût un alphonse ou une roulure. On parlait surtout d'une certaine princesse de Harn « *à la tête de gamin vicieux* » (*Sic*), qui devait, dans une matinée de l'après-midi même, donner, dans son somptueux hôtel de l'avenue Kléber, une matinée où elle produirait « *des danseuses espagnoles d'une mimique si* « *lascive que tout Paris, averti, allait s'écraser* « *chez elle* ». (*Sic.*)

Bien entendu, après avoir fortement éreinté cette princesse de Harn, tous les convives du déjeuner Duvillard se promirent de se rencontrer quelques heures après à cette matinée suggestive où ils étaient invités.

Puis la conversation aiguilla vers l'anarchisme. Hyacinthe, le jeune crevé Duvillard, posait par chic pour l'anarchiste, prétendant qu'un « *homme* « *de quelque distinction ne pouvait être qu'anar-* « *chiste* ». (*Sic.*)

Le baron Duvillard, qui comprenait très bien que ce n'était là qu'un bateau que montait son daim de fils, attendu que rien ne pousse moins à l'anarchisme que d'avoir à sa disposition des millions que l'on n'a rien fait pour gagner, riait des sorties de Hyacinthe et le blaguait. Mais le juge d'instruction Amadieu faisait une tête !..

Il était en train de se « *faire une spécialité des* « *affaires anarchistes* » (*sic*), desquelles naturellement il attendait pas mal de décorations et d'avancement; et il donna des détails terrifiants sur ce qu'il appelait « *l'armée de la dévastation et du* « *massacre* ». (*Sic.*)

On se leva de table, et cette gaîté d'ensemble entretenue par les mets truffés et les vins capiteux s'éteignit, chacun des convives rentrant en lui-même en proie à ses appréhensions personnelles.

Le baron Duvillard et Duthil pensaient aux révélations de la *Voix du Peuple*, et la promesse de la publication de la liste des trente-deux potdeviniers n'était pas sans les inquiéter un peu.

De plus, le vieux polisson de baron songeait que s'il ne réussissait pas à faire engager Sylviane à la Comédie-Française, cette grue aurait pour lui le canapé récalcitrant.

Et enfin, pendant que ce baron libidineux se demandait « *comment il allait pouvoir contenter* « *Sylviane* » (*sic*), Gérard de Quinsac, qui pensait avec effroi au rendez-vous qu'il avait été obligé de donner à la Madame Duvillard pour l'après-midi dans sa garçonnière de la rue Matignon, se demandait, lui aussi, comment il allait pouvoir contenter la vibrante baronne.

Comme on servait les rince-bouche, un valet vint annoncer la visite de l'abbé Pierre Froment. La baronne donna ordre de le faire attendre au salon.

Quelques instants après, elle alla l'y rejoindre avec tous ses invités à qui l'abbé Froment trouva le teint un peu animé. Il rapprocha ce tableau insolemment luxueux, désespérément minable, de celui qu'il venait de voir tout à l'heure à Montmartre, chez le père Laveuve, crevant de faim et de froid, et ne put se retenir de penser :

— En somme, Ravachol.....

Sa réflexion fut interrompue par la baronne qui venait lui offrir une tasse de café.

L'abbé Pierre resta un instant seul dans une embrasure avec Gérard de Quinsac, qui l'entretint du fameux asile des Invalides du travail, une superbe fondation récente à laquelle le baron Duvillard avait fait don de cent mille francs, et qui devait comprendre douze pavillons destinés à recevoir des vieillards nécessiteux. Des sommes immenses recueillies pour cette œuvre, les deux tiers avaient déjà été absorbés par la construction d'une superbe chapelle érigée au milieu du terrain. Quant aux pavillons, ils faisaient comme l'Opéra-Comique, ils attendaient. Mais l'essentiel était que cette merveilleuse fondation, dirigée par le rédacteur en chef du *Globe*, journal bien pensant, un certain Fonsègue, « *député et brasseur « d'affaires prodigieux* » (*sic*), fit beaucoup de tapage et permit aux journaux mondains de répéter tous les matins, par la plume de leurs Cornély : « *En réponse aux attaques des révolution « naires* » (*sic*) :

— Hein !.. nous en occupons-nous assez du pauv' peup' ! ..

La baronne était dame patronnesse de l'asile des Invalides du travail, et Pierre était venu lui rendre visite pour lui demander de faire admettre dans cet asile le pauvre vieux Laveuve. Il fit sa commission, mais fut lestement retoqué. Elle lui dit qu'elle n'y pouvait rien, que c'était Fonsègue, le directeur du *Globe*, qui se chargeait des admissions; et Duthil, qui justement était de l'affaire, intervint et dit à Pierre que l'on s'était occupé de l'admission de Laveuve, mais que le rapport avait été défavorable parce que ce Laveuve avait l'esprit le plus exécrable, « *criant du matin au soir* « *contre les bourgeois, disant que, s'il avait encore* « *des bras, ce serait lui qui ferait sauter la bou-* « *tique.* » (Sic.)

Et Duthil conclut, à la grande satisfaction du vieux général ratapoileux et du juge d'instruction Amadieu :

« *— Et il y en a tant comme cela qui préfèrent* « *leur liberté avec le froid, la faim et la mort!...* « *Que les Laveuve crèvent donc dans la rue, puis-* « *qu'ils refusent d'être avec nous, d'avoir chaud* « *et de manger dans nos asiles.* » (Sic.)

Renseigné — il aurait dû l'être d'ailleurs depuis longtemps — sur l'esprit de ces superbes fondations de charité qui n'ont de pain que pour les pauvres qui vont à la messe, l'abbé Pierre prit congé de ce joli monde, se promettant pourtant d'aller chez le député Fonsègue, directeur de l'asile, pour voir si, par hasard, il ne serait pas un peu moins crapule que les autres.

Les autres convives du déjeuner Duvillard se

séparèrent, et la mauvaise petite bossue de Camille, qui avait son plan, s'approcha de sa mère et lui dit :

« — Alors, *maman, vous allez nous mener a* « *la matinée de la princesse ?* » (Sic.)

Et comme la baronne, qui avait son rendez-vous dans la garçonnière de Gérard à quatre heures, s'esquivait en prétextant un tas de courses à faire chez les couturiers, Camille, qui n'était pas une cruche, se dit en rageant et en dévisageant tour à tour sa mère et Gérard de Quinsac :

— Je suis fixée!... Papa est cocu!...

Pierre, en quittant l'hôtel Duvillard, avait eu une singulière impression. Il avait cru voir, arrêté devant la porte de l'hôtel, son sac à outil sur le dos et comme guettant quelque chose, Salvat, l'ouvrier qu'il avait laissé le matin causant sournoisement avec le petit jeune homme aux lèvres pincées, ce Victor Mathis que Mme Théodore lui avait représenté comme un type « *voulant faire* « *sauter tout le monde* ».

Pierre eut un éclair : Est-ce que ce Salvat viendrait étudier le terrain pour voir où il pourrait déposer une bombe le soir? Ça y ressemblait rudement. Fallait-il prévenir un gardien de la paix? Mais Pierre se décida à passer son chemin comme si de rien n'était, en pensant :

— Bah!... Laissons faire... ça sera plus drôle.

III

L'abbé Froment se dirigea vers le Palais-Bour bon pour essayer d'y voir le député Fonsègue e l'intéresser au sort du vieux Laveuve.

Il y rencontra le journaliste Massot et le dépu collectiviste Mège, qui le firent entrer dans la sall des Pas-Perdus qu'il trouva toute bouleversée. O causait ferme de l'interpellation qui allait se pro duire à la suite des révélations du journal *la Voi du Peuple*. Et l'on escomptait la culbute possibl du ministère.

Pendant que l'abbé Pierre, assis sur une ban quette, attendait Fonsègue, le petit journaliste Massot se mit à lui dégoiser, en riant, un tas de renseignements sur tous les types de chéquards qu'ils avaient devant eux.

Pierre avait de fortes envies de vomir. Ça lui rappelait Rome, et il pensait :

— Ah ! ça... Mais je suis donc condamné à ne voir partout que des crapules ?

Enfin, Fonsègue arriva. L'abbé Pierre lui pré senta rapidement sa requête. Fonsègue le retoqua dans les grands prix, en lui disant qu'il ne pouvait rien pour son protégé, que c'était l'affaire des dames patronnesses.

« — *Ayez un mot d'approbation de ces dames,* « lui dit-il, *et à neuf heures votre homme cou* « *chera à l'asile.* » (Sic.)

Alors, Pierre prit congé pour se rendre immédiatement chez la baronne Duvillard, chez la comtesse de Quinsac et chez la duchesse de Harn, pour leur soutirer à chacune un mot de recommandation pour le père Laveuve, en pensant :

— C'est beau tout de même, la charité !... Et simple !... Un homme meurt de faim et de froid ; il n'a qu'à prendre d'une main l'Annuaire de la noblesse, de l'autre une voiture au mois, et faire en sa faveur le tour de tous les hôtels des nobles faubourgs.

Au moment où il sortait du Palais-Bourbon, l'abbé Pierre fut arrêté par un incident : « *Une* « *querelle entre un homme et un huissier qui* « *l'avait empêché d'entrer dans le palais après* « *avoir constaté que la carte qu'il présentait* « *était une ancienne et dont on avait gratté la* « *date.* » (*Sic.*)

Pierre reconnut, dans cet homme mal vêtu, Salvat, l'ouvrier mécanicien. Il remarqua que « *son* « *veston en loques était boutonné, gonflé sur le* « *flanc gauche par une grosseur, sans doute* « *quelque morceau de pain caché là.* » (*Sic.*)

Nos lecteurs se souviennent sans doute et ne manqueront pas de se dire que c'est comme un fait exprès ; que tout à l'heure, en sortant de l'hôtel Duvillard, l'abbé Pierre avait déjà vu, rôdant d'un air sinistre devant la porte, ce même Salvat, avec sa boîte à outils sur la hanche.

—Depuis le matin, il ne pouvait pas sortir d'une

maison un peu cossue sans se cogner dans ce type
aux allures sombres, ayant soit sa botte à outils
suspecte sur le dos, soit la poche de son pantalon
gonflée par une grosseur insolite.

En rencontrant de nouveau Salvat dans cette
posture équivoque, Pierre se dit :

— Evidemment, le simple bon sens m'inciterait
à penser que, dans cette poche qui bombe, il y a
une..... idem à renversement; mais si je pensais
cela tout de suite, le moment venu il n'y aurait
plus de surprise. Soyons un peu Ponson du Terrail !
J'aime mieux croire que la bosse est un morceau
de pain.

Et, encore une fois, il passa son chemin, pensant
bien d'ailleurs que la journée n'était pas finie, et
qu'il aurait sans doute occasion de rencontrer Salvat ruminant quelque chose de pas propre devant
une maison chic et toujours avec sa bosse.

IV

Nous sommes chez la comtesse de Quinsac, la
mère du beau et vide Gérard. Elle cause avec le
marquis de Morigny, un brave vieux qui avait été
dans le temps — et était même encore, autant que
ses moyens le lui permettaient — amoureux de la
comtesse. — Quand elle était devenue veuve, il lui
avait offert sa main.

Elle, par égard pour son fils qu'elle adorait

quoique scrofuleux, avait refusé; et ils étaient
restés bons amis, causant tout le temps du passé
et « *du bonheur à côté duquel ils avaient passé* »
(*sic*), comme deux serins; car s'ils s'étaient
unis, puisqu'ils s'aimaient, ça n'aurait pas augmenté les microbes du petit Gérard.

A ce moment, ils causaient justement de ce Gérard et de ses amours avec la baronne Duvillard,
que la comtesse déplorait, mais tolérait tout de
même, pensant en bonne mère qu'il faut bien qu'un
jeune homme s'amuse, même en faisant des co-
chonneries.

Mais, lorsque la conversation aiguilla vers le mariage probable de Gérard avec la petite bossue
Camille, fille de la baronne Duvillard, la comtesse,
dans un superbe élan d'indignation dont la
noblesse descendait en droite ligne des Croisés,
s'écria :

« — *Oh !... ça... non... non... jamais !... Mon fils*
« *dans cette famille !... non, jamais je ne donne-*
« *rai mon autorisation !...* » (*Sic.*)

A ce moment entrait le général de Bozonnet, que
nous avons déjà vu chez les Duvillard, le frère de
la comtesse de Quinsac. On lui soumit le cas.

Le général essaya bien de calmer la comtesse en
lui disant qu'il ne voyait pas exactement en quoi
il serait plus immoral pour Gérard de prendre la
fille pour femme légitime que de coucher avec la
mère. mariée à un autre.

Rien n'y fit. Avec cet entêtement de mule, qui

descend des Croisés aussi, la comtesse s'obstinait.

Cette conversation fut interrompue par l'arrivée d'un ami, M. de Larombière, vice-président de la cour. « *En lui s'incarnait la vieille France roya- liste et boudeuse servant la République à contre- cœur* » (sic), mais émargeant tout de même au budget de la gueuse, toujours sous l'œil sévère des Croisés.

On cessa de parler des affaires de famille, et l'on se mit à casser du sucre sur le dos de cette garce de République, le vieux marquis de Morigny ne voyant de salut pour la France que dans le retour à la royauté légitime, le général Ramollot de Bozonnet soutenant, lui, qu'en « *décrétant le ser- vice obligatoire, la République avait tué la guerre et tué la patrie* » (sic), et le vice-président Larombière, qui était bègue, nous avions oublié de le dire, soutenant mordicus que sans une res... tau... tau... ra... ra... tion légi... gi... ti... ti... ti... miste la Fr... la Fr... la France était... tait... absolu... lu... ment fou... fou... lée aux pieds.

A ce moment, on annonça l'abbé Pierre.

« — *Que me veut-il ? Faites entrer* » (sic), dit la comtesse...

L'abbé Pierre entra, exposa à la comtesse le cas de son vieux père Laveuve, et malgré les protesta- tions du général et du vice-président Larombière, qui tous deux combattaient la candidature du père Laveuve, qu'on leur avait représenté comme un pochard et un révolutionnaire, il fut assez heureux pour obtenir un mot de recommandation de la comtesse.

Il descendit pour se rendre chez la princesse de Harn, avenue Kléber, pour la pistonner à son tour. En sortant de chez la comtesse, Pierre fut tout étonné — (nous aussi) — de ne pas voir Salvat rôder devant la porte sur le trottoir, d'un air menaçant, avec sa poche de pantalon gonflée par un gros paquet.

Mais il se rattrapa en rencontrant sur la place de la Concorde le député Duthil, qui allait étudier la question du budget chez la fillasse Sylviane, la gouine du vieux baron Duvillard.

Il lui proposa de l'emmener avec lui. Il rencontrerait très certainement là le baron et pourrait facilement obtenir de lui un mot pour le père Laveuve.

Pierre pensait :

— C'est un drôle d'endroit pour un ecclésiastique.

Mais il se ravisa en se disant :

— Bah !... puisque c'est pour une bonne œuvre. Et puis, le lupanar où je vais et la fripouillerie d'où je sors, — il pensait à la Chambre des députés, — ça ne fait pas une bien grande différence; et la nuance n'est pas très appréciable entre ces chéquards qui vendent leur conscience et cette drôlesse qui vend son corps, — lequel a au moins cette excuse de n'être pas législatif.

Le petit hôtel de Sylviane d'Aulnay, avenue

d'Antin, était très luxueux, « *d'un luxe délicat e* « *un peu galant de temple* ». (*Sic.*) Dame !... ur endroit où s'accomplissent des sacrifices humains !...

Ce jour-là, vers trois heures, Gérard de Quinsac était monté chez Sylviane pour tuer le temps en attendant son rendez-vous avec la baronne Duvillard, qui devait — nos lecteurs s'en souviennent on n'oublie pas ces choses-là — venir le rejoindre à quatre heures, dans sa garçonnière de la rue Matignon. Amer Picon peut-être un peu... dangereux pour un estomac aussi délabré. Nous croyons que la baronne Duvillard, consultée, lui eût plutôt conseillé un verre de vin Mariani.

Il était au mieux avec Sylviane, qu'il trouva furieuse, car elle pensait sans cesse à son échec de la Comédie-Française, au point qu'elle dit à Gérard, en faisant claquer l'ongle de son pouce sur ses dents :

« — *Tu entends, Gérard, pas ça... je ne lui ac-* « *corderai pas ça...* » — Elle parlait du vieux baron Duvillard, — « *tant qu'il ne m'apportera pas ma* « *nomination.* » (*Sic.*)

Gérard eut un instant l'idée de répondre à Sylviane :

— Eh bien... fais un virement, donne-moi ce que tu lui refuseras, à ce vieux serin ; comme ça, il n'y aura rien de perdu.

Mais, affalé dans un grand fauteuil, fourbu, abîmé, « *déjà las du rendez-vous qu'il atten-*

« *dait* » (*sic*), il n'en eut ni le courage ni la force.

Et qui eût pu lire à ce moment dans les beaux yeux bleu tendre de Sylviane, y eût certainement déchiffré sans peine :

— Quelle loque !...

Le baron Duvillard entra. Une scène violente éclata entre Sylviane et lui. Lui, soutenant qu'il avait fait tout ce qu'il avait pu auprès du ministre ; elle, répliquant que les vieux crevés qui ne sont pas capables de forcer un ministre à ouvrir à une grue du théâtre d s Batignolles les portes de la Comédie-Française, doivent être « plaqués », puisqu'ils ne sont plus bons qu'à ça.

Bref, elle termina sa tirade par ces mots, qui ne sont pourtant pas dans *Polyeucte* :

« — *Tu entends, mon cher, plus rien, pas ça !...*
« *tant que je n'aurai pas joué Pauline ; pas*
« *même le bout de mon petit doigt.* » (*Sic.*)

Tout péteux à la pensée que, quand ça le démangerait dans le nez, il serait obligé d'y fourrer son doigt à lui, n'ayant plus celui de Sylviane, le vieux gaga ne savait plus quelle contenance tenir.

Heureusement pour lui, à ce moment un domestique annonça la visite de Duthil qui, accompagné d'un monsieur en soutane, demandait monsieur le baron en bas dans le fumoir.

Le baron descendit un peu inquiet, car il se doutait que Duthil lui apportait des nouvelles de la Chambre, et que ces nouvelles pouvaient bien ne pas être fameuses après l'interpellation de la liste des trente-deux chéquards. Tout troublé en entrant dans le fumoir, il ne s'aperçut même pas de la présence de l'abbé Pierre, que Duthil fut obligé de lui présenter après lui avoir donné quelques renseignements rapides et à peu près consolants sur la séance, où le ministère avait surnagé, mais seulement à une majorité de deux voix, ce qui présageait un assez prochain plongeon.

Un peu remis, le baron Duvillard se laissa exposer par Pierre l'affaire du père Laveuve, et de très bonne grâce lui donna un mot de recommandation pour sa femme, en disant à Pierre :

« — *Allez porter ceci à la baronne; vous la* « *trouverez tout à l'heure chez la princesse de* « *Harn, où il y a une matinée à laquelle elle doit* « *conduire nos enfants.* » (Sic.)

A ce moment, Gérard, reconduit par Sylviane dans le vestibule, fut interpellé par le baron Duvillard, qui lui dit :

« — *Dites donc, Gérard, ma femme a bien dit* « *qu'elle allait à cette matinée ? Vous êtes certain* « *que M. l'abbé l'y trouvera ?* » (Sic.)

Gérard, qui savait sur le bout du doigt l'emploi de l'après-midi de la baronne, puisqu'il allait, de ce pas, la retrouver dans son petit rez-de-chaussée de la rue Matignon, répondit non sans quelque embarras :

« — *Si monsieur l'abbé se dépêche, je crois bien* « *qu'il l'y trouvera; car elle doit y aller, en effet,* « *avant son essayage chez Salmon.* » (Sic.)

Ce fut presque en rougissant qu'il prononça ces
derniers mots : « *essayage chez Salmon* »; car il
savait parfaitement que la baronne Duvillard n'allait rien essayer du tout, au contraire, puisque
essayer des vêtements c'est les mettre, et que...

Et puis, à la pensée que les circonstances l'assi-
milaient, lui, à un « essayeur », il trouvait que les
circonstances y mettaient à son égard une intention quelque peu malicieuse et rossarde qui l'attei-
gnait dans sa dignité de mâle... incomplet, mais
vaniteux tout de même.

Pierre, après avoir été, par le baron, présenté à
Sylviane, qui lui sembla « *simple et douce dans*
« *sa candeur immaculée de vierge* »(sic),—comme
il avait du flair ! — prit congé pour se rendre chez
la princesse de Harn.

Il était tellement troublé par l'apparition de
cette merveilleuse créature, qu'il ne put s'apercevoir qu'en le saluant avec une chaste pudeur
de vierge double, elle avait sur le coin gauche de
la lèvre un petit sourire canaille qui disait :

— Toi, mon vieux, si tu crois, parce que tu as
une soutane complaisamble, que l'on ne voit pas
ce que tu penses dessous...

Presque inutile de dire que, pendant que le baron
reconduisait Pierre, Sylviane rentrait dans le
salon avec Duthil, qui « *lui passait son bras à la*
« *taille et voulait la baiser aux lèvres* ». (Sic.)
Décidément, tous les amis du baron se payaient
sa fiole, à ce vieux gaga.

En sortant de l'hôtel de Sylviane, l'abbé Pierre fut tout étonné — nous le sommes aussi — de ne pas voir Salvat ruminer devant la maison avec sa poche de culotte gonflée. Ça lui manquait. L'habitude !...

Comme nous l'avons appris chez la baronne Duvillard, la princesse de Harn donnait ce jour-là une matinée suggestive où tous les gens du monde comme il faut devaient venir voir danser les Mauritaines, six danseuses espagnoles « *qui faisaient* « *en ce moment courir tout Paris aux Folies-Ber-* « *gère par la sensualité brûlante de leurs déhan-* « *chements* ». (Sic.)

Naturellement, quand on les faisait se produire dans le monde distingué, on exigeait d'elles quelques chastes modifications à leurs costumes et à leur tenue. On ne pouvait pas, dans une réunion de gens à cheval sur les principes, tolérer les privautés exhibées devant un public vulgaire.

Ainsi, par exemple, chez la princesse de Harn, qui était une femme du meilleur monde, les Mauritaines qui devaient danser à sa matinée avaient des maillots qui descendaient beaucoup plus bas et qui montaient beaucoup plus haut que ceux qu'elles portaient aux Folies-Bergère.

Nous croirions faire injure à la pénétration de nos téléphorespondants en précisant que ces maillots moraux descendaient beaucoup plus bas... par le haut, et montaient beaucoup plus haut... par le bas.

De plus, quand un mouvement du ballet amenait les danseuses plus près du public, elles devaient rapidement relever leur courte jupe de gaze pardessus leur tête, pour cacher pudiquement leur gorge ; alors, naturellement, tous les hommes bien élevés baissaient les yeux. Et le papa Bérenger n'avait rien à dire.

La première personne que rencontra l'abbé Froment en entrant dans cette maison sévère fut le petit journaliste Massot, qui ne dissimula pas sa surprise de le voir dans un tel lieu.

Mais Pierre le cloua facilement en lui répondant:

— Oh !.. vous savez... ça ne peut pas être beaucoup plus fort que la scène à laquelle j'ai assisté à Rome il y a trois ans. Vous savez... quand Benedetta, devant tout le monde...

— Ah !.. oui... je me souviens, reprit Massot, tout à fait collé, on ne devait pas s'embêter...

— Cela dépend, répondit un peu narquoisement l'abbé Pierre ; cela vous a-t-il toujours paru aussi amusant que ça de voir rôtir une belle dinde que d'autres allaient manger ?

Le petit Massot ne trouva rien à répondre, et se contenta de noter le mot sur son calepin pour en faire une nouvelle à la main dans un journal religieux.

Il se mit alors à donner à Pierre des renseignements sur tous les invités de la matinée, notamment sur la maîtresse de la maison, la princesse de Harn, qu'il lui représenta comme une bonne-

toquée, très intelligente, avec des sautes conti-
nuelles et brusques, incapable d'un effort pro-
longé, allant d'une curiosité à une autre sans se
fixer jamais. « *Après s'être occupée de peinture,*
« *elle s'était passionnée pour la chimie; à présent,*
« *elle se laissait envahir par la poésie.* » (Sic.)

Et Massot parla aussi à l'abbé Pierre de Janzen,
un ami intime de la princesse, chimiste étranger
et éminent qui avait passionné la princesse pour
les explosifs, soupçonné d'avoir participé à l'explosion de Barcelone comme anarchiste et surveillé
de très près par la police française.

Enfin Rosemonde — Rosemonde, c'est la princesse de Harn — parut. Elle fut charmante avec
l'abbé Pierre, et lui promit son appui pour le vieux
Laveuve.

Pierre attendait toujours la baronne Duvillard
qui n'arrivait pas, quand tout à coup Camille et
son frère Hyacinthe entrèrent dans les salons.

A la vue de Hyacinthe, la princesse s'était pré-
cipitée vers lui, car le jeune Hyacinthe Duvillard
était sa toquade du moment. Elle avait, un soir, en
causant occultisme avec ce petit décadent « *sym-*
bolique » (sic), — (NOTA. Nous publierons peut-
être à la fin de cet ouvrage un Glossaire pour
expliquer tous ces mots... drôles) — la princesse,
avait découvert, disions-nous, « *en causant occul-*
« *tisme avec ce petit décadent symbolique, une*
« *extraordinaire beauté, la beauté astrale de l'âme*
« *voyageuse de Néron* » (sic) — (RE-NOTA, déci-

dément, le Glossaire s'impose), et elle était devenue timbrée d'Hyacinthe.

Mais celui-ci, en entrant dans le salon, n'avait
pas plus fait attention à elle qu'au devant de
cheminée. Il venait d'apercevoir son ami, le jeune
lord Elson, « *un éphèbe languide et pâle à la che-
velure de fille* » (sic), et Rosemonde « *avec son
accueil tendre* » (sic) en fut pour ses frais; car
Hyacinthe professait « *que la femme était une
créature impure et basse, salissante pour
l'intelligence comme pour le corps.* » (Sic.)

Les deux intéressants jeunes hommes entrèrent
bras-dessus bras-dessous en se disant dans l'oreille
des choses à faire rougir le tunnel des Batignolles.

Le journaliste Massot demanda à la petite bossue
Camille comment il se faisait que sa mère, la
baronne Duvillard, n'était pas venue l'accompagner.
D'un air assez canaille, elle répondit que sa mère
n'avait pas pu venir parce qu'elle avait un essayage
chez Salmon,

Et comme Pierre, assez ingénument, disait :

« — *Mais si j'allais tout de suite chez ce Salmon,
peut-être pourrais-je faire passer ma carte...* »
(Sic.)

La petite bossue répondit méchamment :

« — *Oh! qui sait, si vous l'y trouveriez... Elle
avait un autre rendez-vous pressé. Elle y est
sans doute déjà.* » (Sic.)

A l'air pointu et rageur de la jeune fille, tout

autre que l'abbé Pierre eût facilement saisi ce qu'elle pensait :

— Mais, grand serin!... vous ne comprenez donc rien ?... Je ne peux pourtant pas vous dire en toutes lettres quel genre de capote maman est en train d'essayer!

Mais l'abbé Pierre, naïf, insista en disant :

« — *Eh bien, je vais attendre ici madame votre*
« *mère. Elle viendra sûrement vous y chercher,*
« *n'est-ce pas ?* » (Sic.)

Alors Camille eut un haussement d'épaules, — un haussement et demi même, puisqu'elle était bossue d'un côté, — qui signifiait clairement :

— Non!... on n'est pas melon à ce point-là!...

Et elle tourna les talons, après avoir dit à Pierre :

« — *Il faudra, monsieur l'abbé, que vous atten-*
« *diez que maman ait fini son affaire... Elle est*
« *longue des fois.* » (Sic.)

Elle eut une façon bien drôle de prononcer ces cinq derniers mots, mais Pierre ne parut pas s'en apercevoir.

Pierre quitta l'hôtel de la duchesse de Harn, décidé à aller trouver à six heures la baronne Duvillard chez elle.

— Aussi « longue que soit son affaire... », pensait-il en se souvenant des dernières paroles de Camille, elle devra être rentrée chez elle pour dîner.

En sortant, il fut tout surpris de ne pas rencon-

trer devant l'hôtel Salvat et sa bosse. Mais il ne
arda pas à être rassuré.

Arrivé au Cirque d'été dans les Champs-Ely-
sées, il l'aperçut affalé sur un banc, la poche
de son veston bombant plus que jamais d'une
façon étrange, « *le morceau de pain sans doute*
« *qu'il rapportait au logis* » (Sic). Il y tenait décidément au morceau de pain, l'abbé Pierre.

Aussitôt qu'il vit Pierre s'avancer vers lui, Salvat, méfiant, se leva, se dirigea du côté du Cirque,
où il y avait ce jour-là une matinée musicale, et
rôda devant la porte.

Pierre passa encore une fois son chemin. Et en
s'en allant, toujours soupçonneux et inquiet des
allures louches de Salvat, il pensait :

— Pauvres gens !... tout de même !... Quatre
heures de concert Lamoureux !... et sauter peut-
être en sortant !... Pas de veine !...

Pierre, qui avait encore deux ou trois heures à
perdre avant de se rendre chez la baronne Duvillard, se trouva en flânant devant l'église de la Madeleine, où il se souvint que le bon abbé Rose lui
avait donné rendez-vous vers quatre heures.

Comme il entrait dans le temple, « *Monseigneur*
« *Martha achevait sa troisième conférence sur*
« *l'Esprit nouveau* » (Sic). Ce sujet, stupide d'ailleurs, avait depuis quelque temps beaucoup de
succès dans le monde. Il s'agissait de « *réconcilier*
« *la science avec le catholicisme, de rallier toute la*
« *France à la République* » (Sic), suivant la récente

politique de Léon XIII ; en somme, le plus gigantesque des bateaux que puissent rêver de monter aux miséreux qui attendent tout de la marche en avant, les douillards qui ne manquent de rien et ont intérêt à ce que tout reste en place.

Monseigneur Martha avait tout ce qu'il fallait pour parler au monde auquel il s'adressait. Grand et fort, de beaux traits, « *des yeux noirs et vifs,* « *une voix très haute, très claire, un nez plein* « *d'autorité, un menton surtout et une bouche* « *du dessin le plus ferme* » (Sic). Et l'on sait qu'il n'y a rien comme un menton d'un dessin ferme pour convaincre les masses qu'elles n'ont rien à faire qu'à rester molles.

Pierre n'avait pas une grande admiration pour ce Monseigneur Martha, dont le principal mérite, en somme, était de « *s'employer avec une mira-* « *culeuse efficacité à décupler les souscriptions* « *pour l'achèvement de la basilique du Sacré-* « *Cœur* ». (Sic.)

Pierre se souvenait aussi de Monseigneur Martha, menant à bien, au printemps dernier, avec son ordinaire maîtrise, la conversion au catholicisme de la baronne Duvillard, qui, nous l'avons vu précédemment, n'avait embrassé cette religion que pour l'être elle-même davantage par son amant actuel, le beau et mou Gérard de Quinsac.

Pierre, cependant, écoutait les solennelles balivernes du prédicateur à la mode.

C'étaient toujours les mêmes balançoires à propos du nommé Esprit nouveau, qui était, disait Monseigneur Martha, « *le réveil de l'Idéal* ». Ah ! ça, où avait-il donc pris que l'Idéal fût endormi ? Jamais il n'a été plus éveillé, au contraire ; seulement, on veut que celui d'aujourd'hui, que l'on tient à se faire soi-même avec sa raison, soit moins bête que celui d'hier, qu'on se laissait sottement faire par les Lourdenards.

« L'*Esprit nouveau*, bavassait encore Monseigneur Martha « *c'était la Science acceptée* (sic) », — (Pas possible !... On lui faisait cette concession, à la Science, de l'accepter ?), — « *mais remise en sa place* (sic), » — (Ah !... à la bonne heure !... Nous l'attendions, celle-là !... Elle ne l'avait pas volé qu'on la remît à sa place, cette garce de Science !...), « *et réconciliée avec la foi, du moment qu'elle ne* « *prétendait plus empiéter sur le domaine sacré* « *de celle-ci.* » (*Sic.*) Avait-on idée de ça aussi, la Science qui se permettait d'empiéter sur la Foi !... C'était scandaleux !... La Science, cette rien du tout, faite uniquement d'examen, d'étude et de raison, osant se mettre en travers de la Foi, faite exclusivement d'idiotisme ! C'était d'une audace !...

Aussi Monseigneur Martha avait-il un succès fou ; et quand il descendit de la chaire, il s'en fallut de peu qu'il fût porté en triomphe par les bons idiots malfaisants dont il venait de chatouiller les plus exécrables sentiments.

Quant à Pierre, il retrouvait dans ce sermon de Monseigneur Martha toutes les sottises qu'il avait lui-même introduites dans son livre : *La Rome nouvelle* « et *desquelles la Rome réelle l'avait si* « *rudement guéri* ». (*Sic.*)

Ce fut à ce moment que Pierre put aborder l'abbé Rose, qui lui apprit que le père Laveuve était mort de froid et de faim, le matin, dans son taudis de la rue des Saules.

Pierre pensa que toutes les démarches qu'il avait faites toute la journée pour ce pauvre vieux étaient devenues inutiles, et cela n'augmenta pas sensiblement son admiration pour ces opulentes fondations de charité, dirigées par de riches grues après lesquelles il faut courir pendant huit jours, sans les trouver jamais chez elles, pour leur arracher une recommandation en faveur d'un pauvre vieux qui n'en a plus que pour dèux heures dans le ventre.

N'ayant plus à s'occuper du vieux Laveuve, l'abbé Pierre flâna sur les grands boulevards. Arrivé à la rue Scribe, il fut arrêté par un encombrement devant un café luxueux. De sales camelots hurlaient la *Voix du Peuple*, les vendus de la Chambre et du Sénat, etc., etc.

Il reconnut Salvat (Tiens!... il y avait longtemps!) « *qui flânait devant le grand café en re-* « *gardant à travers les glaces* ». (*Sic.*) Il avait t·ujours le morceau de pain « *qui faisait bosse sous* « *le vieux veston en loques* ». (*Sic.*) Pierre eut un soupçon. (Pas possible!... Déjà!...)

Son inquiétude grandit lorsqu'il vit, débouchant

de la rue Caumartin, son frère Guillaume, qui venait serrer la main de Salvat.

Pierre, nous l'avons vu, était brouillé avec son frère depuis pas mal d'années. La marche différente de leur existence les avait séparés ; Guillaume était un savant chimiste, libre-penseur, et n'avait pas été très flatté de voir Pierre s'ensoutaner. Mais au fond, les deux frères s'aimaient.

Guillaume et Salvat s'éloignèrent. Pierre les suivit et devint plus perplexe encore en voyant Salvat « *debout sur le trottoir en face de l'hôtel* « *Duvillard, comme en faction, immobile en face* « *de l'hôtel, patientant* ». (Sic.)

Puis il vit son frère Guillaume s'embusquer sous une porte voisine, « *guettant, prêt à interve-* *nir, lui aussi* ». (Sic.) Et tout cela l'inquiétait.

A ce moment arriva le landau des Duvillard, ramenant Camille et Hyacinthe de la matinée suggestive de la princesse de Harn.

Quelques bribes de la conversation du frère et de la sœur donneront aisément une idée de ces deux types :

« — *Les femmes me dégoûtent*, disait Hya- « cinthe. *Et leur odeur, ah! la peste!... Et cette* « *abomination de l'enfant que l'on risque tou-* « *jours avec elles.* » (Sic.)

« — *Bah!.. mon cher*, répondait la petite bossue, « *elles valent bien ton Georges Elson, cette fille* « *manquée. D'ailleurs tu te vantes, et tu as tort*

« *de ne pas l'arranger avec la* princesse, *puis-*
« *qu'elle en meurt d'envie.* » (*Sic.*)

« *Hyacinthe en était à la négation des sexes* »
(*Sic*); mais Camille, toute contrefaite qu'elle fût,
n'avait pas encore cette bosse-là, et elle pensait à
son beau Gérard qu'elle se proposait toujours d'enlever à sa mère, ce qui amena la conversation du
frère et de la sœur sur ce chapitre. Ils parlèrent de
leur mère et de son soi-disant essayage chez Salmon, le couturier.

Ce fut à ce moment que leur landau arriva devant la porte de l'hôtel paternel — Oh! combien
paternel !...

Au même instant entraient, en même temps que
le carrosse sous la voûte, un joli petit trottin de
modiste de 16 à 18 ans, « *yeux bleus de pervenche,*
« *nez rose, bouche riant toujours* » (*sic*); et Salvat qui d'un bond pénétra sous le porche « *duquel*
« *il ressortit presque aussitôt, jetant au ruisseau*
« *un bout de cigare allumé* » (*sic*), puis Pierre vit
Guillaume s'élancer à son tour dans l'hôtel, derrière Salvat.

Puis... « *une explosion formidable, toutes les*
« *vitres éclatant et retombant avec un bruit re-*
« *tentissant de grêle, une flamme d'enfer* » (*Sic*).

Alors Pierre « *fut illuminé par cet éclair* » (*Sic*)
Il n'est pas trop tôt. — Il comprit le renflement du
veston de Salvat. — Quel flair !...

En pénétrant sous le porche de l'hôtel, il vit la
pauvre petite modiste complètement éventrée,

« *avec ses yeux clairs et son sourire étonné* »
(sic). — Dame !.. il y avait de quoi, — et son frère
Guillaume debout, mais le poignet gauche brisé par
une balle.

Les deux frères, qui ne s'étaient pas parlé depuis
dix ans, se jetèrent dans les bras l'un de l'autre.

« — *Emmène-moi, emmène-moi chez toi, à*
« *Neuilly... Oh! emmène-moi* » (sic), dit Guillaume.
Et il ajouta :

« — *Je me doutais bien que Salvat m'avait*
« *volé une cartouche, une seule heureusement,*
« *sans quoi le quartier aurait sauté. Ah! le*
« *malheureux !... Je n'ai pu arriver à temps*
« *pour mettre le pied sur la mèche.* » (Sic.)

Pierre arrêta un fiacre, y monta avec son frère,
et l'emmena chez lui à Neuilly, pendant que dans
le quartier, tout bouleversé par l'explosion, les
passants échangeaient leurs impressions, et que
les camelots continuaient à brailler sur les trot-
toirs la *Voix du Peuple* !... la liste des trente-deux
chéquards, la chute prochaine du ministère.....

A ce dernier cri un passant, qui paraissait connaître les trucs de la politique, fit même à haute
voix cette réflexion très judicieuse :

« — *Le ministère !... Ah!... voilà une bombe*
qui le raccommode !... » (Sic.)

Il connaissait son affaire, ce passant. Il savait
que rien ne raccommode les ministères conserva-
teurs comme la frousse des bourgeois.

FIN DU LIVRE PREMIER

Livre deuxième

Dans le fiacre qui les emmenait à Neuilly chez l'abbé Pierre, les deux frères échangèrent peu de paroles. Guillaume, qui souffrait et paraissait inquiet, insistait seulement pour que l'on ne mandât pas de médecin.

« — *Et tu sais, Pierre*, disait-il, *nous allons* « *soigner ça tous les deux.* » (*Sic.*)

Comme ils arrivaient, Sophie, la vieille servante discrète et dévouée, dit à Pierre que M. Bertheroy attendait depuis un quart d'heure.

Guillaume parut enchanté. Il aimait beaucoup Bertheroy, ancien ami de son père, « *savant chi-* « *miste d'une haute valeur, membre de l'Institut* » (*Sic*), mais brave homme tout de même.

En examinant la blessure de Guillaume, quelques soupçons lui vinrent. Il finit même par « *flairer* « *la manche de la chemise pour mieux se rendre* « *compte* » (*Sic*), car lui, pourtant très connaisseur en explosifs, puisqu'il en avait lui-même inventé beaucoup, « *trouvait là des traces* et « *des caractères dont l'inconnu lui échappait* ». (*Sic.*)

D'un esprit très large, très tolérant et très élevé, Bertheroy n'essaya pas de pénétrer le secret de Guillaume, « *résolu à ne jamais juger les actes* « *des autres, quels qu'ils soient, avant d'en con-* « *naître toutes les raisons* ». (*Sic.*) Il pansa en même temps la plaie et... ce qu'il voulut en dedans, et promit de revenir le lendemain.

Guillaume écrivit quelques mots, que la vieille Sophie se chargea de porter chez lui à Montmartre, pour rassurer la maison sur son absence; et, Pierre rentré, les deux frères furent de nouveau en tête-à-tête. Ils n'en dirent pas beaucoup plus long qu'avant. Pierre n'ignorait pas que Guillaume avait déjà couru le risque d'être compromis dans une affaire anarchiste, et n'était pas sans inquiétude; mais, d'un autre côté, il pensait que Guillaume s'était élancé sous le porche de l'hôpital Duvillard pour essayer d'éteindre la mèche, et qu'il avait tout de suite « *accusé Salvat de lui avoir volé une cartouche* ». (*Sic.*) Tout cela semblait bien indiquer que Guillaume n'était pas complice de l'attentat; mais alors, pourquoi voulait-il se cacher? Et Pierre était d'autant plus perplexe que Guillaume se taisait absolument.

Voyant que son frère avait un énorme désir d'avoir des nouvelles de l'attentat, Pierre sortit, et, un quart d'heure après, revenait amenant avec lui Bache, un conseiller municipal de Neuilly, que Guillaume estimait beaucoup; et Janzen, le chimiste étranger, l'ami de l'étrange princesse de Harn, anarchiste suspect, avec qui nous avons fait connaissance à la matinée lubrique de ladite princesse.

Janzen, ayant eu connaissance de l'explosion, et craignant la police qui ne le perdait pas de vue, était allé demander l'hospitalité à Bache; et c'était là que Pierre l'avait rencontré.

Bache était un brave homme de soixante ans, qui avait été pendant toute sa vie tour à tour Saint-Simonien, Fouriériste, communard, condamné à mort par contumace, exilé, etc., etc., enfin tout ce qui allait avec une vie de brave citoyen, convaincu, courageux et probe. Et c'était en souvenir de ces choses que Neuilly l'avait envoyé au Conseil municipal « *pour récompenser* « *le très brave homme aimé de tout le quartier* ». (*Sic.*)

On causa naturellement de l'explosion. Personne ne savait encore grand'chose. Janzen s'étonna que ce fût Salvat qui eût posé la bombe; « *il croyait* « *que ce pouvait être le petit Mathis* » (*Sic.*) Mathis était ce petit blond sec aux lèvres minces, que nous avons vu causer sournoisement avec Salvat dans le taudis de la rue des Saules. On voit que Janzen était pas mal au courant des coulisses anarchistes, ou tout au moins qu'il avait de bons tuyaux.

A ce moment, la vieille Sophie vint dire que M. Théophile Morin était là avec un autre monsieur. En effet, Théophile Morin amenait avec l Barthès.

Présentons rapidement ces deux types. Et cela nous sera d'autant plus agréable qu'il s'agit enfin de bien braves gens simplement mis; et, depuis le temps que nous pataugeons dans de la canaille dorée, ça fait du bien.

- Théophile Morin, fils d'un brave ouvrier horloger, admirateur de Proudhon et d'Auguste Comte, savant distingué, garibaldien, « *existence brave,* « *unie et morne, gagnant obscurément à Paris* « *sa vie triste de petit professeur* ». (*Sic.*) Rien d'Arton, comme on voit.

Nicolas Barthès, pas plus honnête, mais plus grande figure; soixante-quatorze ans, « *dont cin-* « *quante passés en prison, comme apôtre et héros* « *de la liberté* ». (*Sic.*) Carbonaro, républicain de la veille, sectaire évangélique, « *il avait conspiré* « *à toutes les heures, dans tous les lieux, en lutte* « *sans cesse contre le pouvoir, quoi qu'il fût, mar-* « *tyr de la liberté, emprisonné même par cette* « *République qui lui avait coûté tant d'années* « *de geôle* ». (*Sic.*) Enfin, un type d'apôtre tout d'une pièce dont l'espèce a l'air de se perdre pas mal depuis quelque temps. Tout est si cher!...

Barthès entra, se baissa vers Guillaume « *qu'il baisa sur les deux joues* ». (*Sic.*) Guillaume était heureux.

Alors, on se mit à causer de l'événement, raconté déjà par les journaux du soir avec des détails absolument stupides ; mais il faut bien tirer à cinquante mille !

Les quatre causeurs n'étaient pas tout à fait d'accord sur les grandes lignes de la politique sociale. Le vieux Barthès n'était pas pour les bombes,

Théophile Morin non plus, Bâche pas davantage;
tous trois d'accord pour penser que, quand on a
éventré un joli petit trottin de modiste de dix-sept
ans sous le porche d'un hôtel de gros douillards
qui n'attrapent même pas une égratignure, on n'a
pas fait faire un pas énorme à la question de l'impôt sur le revenu, ni à celle de la Caisse des
retraites pour les travailleurs.

Janzen, lui, était pour l'anarchie, « *tout détruire
pour tout reconstruire* ». (*Sic.*) C'était évidem-
mnt une opinion comme une autre; mais ce
Janzen avait-il pensé qu'en admettant qu'elle fût
bonne, elle devenait peut-être mauvaise par l'im-
possibilité de la faire accepter ?

En effet, les êtres qui constituent une génération et qui ont hérité du bon et du mauvais des
précédentes, admettront toujours difficilement que
cette génération doive à elle seule payer, par un
bouleversement, pour tout ce qui a pu être fait
de mauvais avant elle. Aussi mal que l'on puisse
être dans une maison mal bâtie, on y dort quelquefois ; et peu de mortels admettront qu'on la
leur démolisse et qu'on les fasse coucher en plein
air pour en reconstruire une neuve dans laquelle
ceux qui vivront, quand eux seront morts, dormi-
ront moelleusement.

Au cours de cette conversation entre ces quatre
hommes, — hommes de bien, en somme, puisque
tous les quatre cherchaient le mieux, — l'école
collectiviste écopa assez rudement. Ce fut le vieux

Barthès qui se chargea de river le clou à ce système imbécile, disait-il, — et c'est aussi notre avis, — qui prétendait niveler tout, enrégimenter tout, « enfin une des formes du despotisme » (sic), disait avec raison le vieux Barthès, qui, quoique vieux révolutionnaire, était sans doute bien pénétré de cette vérité que le libre essor laissé au tempérament, aux aptitudes, aux passions même, de chacun, était la source du bonheur de tous, que l'effort de l'ambitieux qui produisait pour jouir, lui, profitait à la masse, et que vouloir mettre tout en commun, en collectivité, ne pouvait avoir pour double et fatal résultat que d'affaiblir, de détruire même, le stimulant des laborieux, qui se lasseraient de travailler pour les autres, et d'amollir encore plus les mous, qui sauraient que les autres travaillent pour eux.

Sans doute, pensait probablement le vieil apôtre Barthès, — comme nous le pensons nous-même, — cette vie commune, fraternelle, où l'individu, ne se comptant pour rien, donnerait à la masse, sans compter, tout ce que ses forces lui permettaient de donner, sans doute ce rêve pouvait, devait être caressé.

Sans doute, il était beau d'entrevoir dans l'avenir les hommes, s'étant délivrés peu à peu, et péniblement, de leur dureté et de leur égoïsme, vivre en frères et partager tout en frères, sans tenir compte de l'apport des forts ni de l'impuissance des faibles. Mais cela, c'était la charité, le rêve

chrétien en un mot ; et le vieux Barthès pensait
sans doute — c'est aussi notre idée — que la charité, qui est une belle chose, n'a rien à voir avec
la justice, qui en est une belle aussi d'un autre
genre. Et c'était pour cela que le vieux et pur révolutionnaire Barthès se contentait d'être socialiste, c'est-à-dire partisan, sur les bases les plus
justes possible, d'un contrat social associant les
hommes en leur laissant leur liberté ; et qu'il laissait à d'autres âges lointains — oh !... combien !...
— le collectivisme, duquel, selon lui, — selon nous
aussi, — les hommes ne pourraient guère se servir
que lorsqu'ils seraient des anges.

— Allo... Allo... Nous vous demandons pardon,
cher téléphorespondants, de vous avoir un peu
attardés par ces quelques réflexions. Notre excuse
est que nous avons été fortement accroché par
cette page intéressante, la plus belle (jusqu'ici) du
livre que nous avons l'honneur de vous analyser.
Belle page !... oui ; comme elle est belle, et de la
grande beauté, toute page qui fait penser.

Allo... Allo... nous reprenons :

L'abbé Pierre avait écouté toute cette conversation ; mais n'y avait pas pris part. Toujours hési-
tant et ballotté comme depuis que nous le connais-
sons, il finit pourtant par se dire que Barthès, Théophile Morin et Bache pouvaient bien tout de même
avoir raison, et qu'il y avait peut-être quelque
chose à tenter en continuant Voltaire, Diderot et
Rousseau. Saint-Simon, Fourier, Cabet, Prou-

dhon et Auguste Comte, qui nous conduisent à Karl Marx, et de là. qui sait?... à Clovis Hugues, Jaurès et — qui sait encore?... — à Ravachol peut-être. En tout cas, il conclut en lui-même que, certainement, il y avait quelque chose à faire.

D'autres que l'abbé Pierre eussent certainement mis moins de temps à s'en apercevoir; mais lui, on le sait, il n'était pas pressé. Il lui avait fallu six ans pour s'apercevoir que Lourdes était une canaillerie et Rome une pourriture; il ne pouvait guère en trois quarts d'heure sauter de Saint-Genest à Liebneck.

Guillaume se sentant fatigué, les causeurs se retirèrent. Guillaume dormit mal et, le lendemain matin, Pierre le trouva agité et inquiet. Il comprit qu'il lui tardait d'avoir par les journaux des nouvelles de l'attentat et descendit en chercher. Il y avait beaucoup de choses dedans, c'est-à-dire, rien du tout. Ne sachant rien. les reporters inventaient tout. Guillaume apprit seulement que Salat n'avait pas été arrêté et en fut satisfait.

Bertheroy revint le matin pour le soigner. En le pansant, il lui fit comprendre qu'il ne le croyait pas étranger à l'affaire de la veille. Mais c'était un brave homme et Guillaume savait qu'il n'avait rien à redouter de lui.

velles et le pria de remettre à madame Leroi une
petite clef. Il ajouta :

« — *Di-lui que s'il m'arrivait malheur, elle*
« *fasse ce qu'elle doit faire. Cela suffit, elle com*
« *prendra.* » — (*Sic.*)

Pierre mit la clef dans sa poche en pensant :

— Moi, je n'y comprends rien ; mais il y a quelque chose de louche là-dessous.

Et il partit pour Montmartre.

Si le chapitre que nous venons d'analyser es
beau, — et il est d'une grande beauté, nous l'avon
dit, — celui-ci l'est peut-être plus encore et vou
donne comme un frémissement doux.

Quelle puissance, et surtout quelle santé dans
ce superbe tableau de cet intérieur de Guillaume
le frère de Pierre !.. de cet intérieur si honnête e
si pur, en dépit du dédain qui y était pratiqué, de
mesquines conventions sociales, et vers lequel
pourtant Pierre, toujours étriqué malgré ses aspi
rations qui n'aboutissaient jamais, ne se dirigeai
qu'avec un certain mépris.

L'irrégularité. — Etait-il assez de Loches, ce
Pierre !.. - L'irrégularité de la vie de son frèr
Guillaume, libre de tous préjugés, et qui allai
épouser une jeune fille vivant sous le même toi
que lui, inquiétait ce brave abbé qui se sentai
repris de son malaise à la pensée qu'il allait « péné
trer dans la maison louche de l'Ogre ». (*Sic.*)

En gravissant la butte, Pierre repassait dans so
souvenir l'histoire de la vie déréglée de son frèr

indigne. On va voir combien il y avait de quoi faire rougir un honnête homme.

En 1870, après la guerre, Guillaume se trouvait, dans une maison de la rue Monsieur-le-Prince, le voisin d'une brave et loyale famille Leroi, composée du père, de la mère, et d'une fille de vingt ans, Marguerite. Cette famille était dans une misère noire. Le père, écrivain et républicain ardent, qui avait combattu l'Empire, avait été exilé et était devenu paralysé. Sa femme, vaillante créature, de famille protestante, mais étant devenue libre-penseuse au contact de son mari, s'était créée « *une* « *sorte d'athéisme tranquille, une idée de devoir* « *qu'elle accomplissait avec bravoure par dessus* « *toutes les conventions sociales* ». (*Sic*.) Guillaume s'était lié avec cette honnête et malheureuse famille. Après la mort du père, il lui était venu en aide. Et un jour, Guillaume, qui avait vingt-trois ans, se trouvait avoir pour femme Marguerite, qui en avait vingt. « *Et cela, sans qu'il fût question* « *de mariage* ». (*Sic*.), et du consentement de la veuve Leroi qui, « *dans son mépris de justicière* « *pour une société où les bons mouraient de faim,* « *se refusait à reconnaître la nécessité des* « *liens sociaux* ». (*Sic*.)

C'était surtout cet acte libre de la vie de son frère Guillaume qui défrisait l'abbé Pierre, et l'avait éloigné pendant tant d'années de celui-ci. Fi!.. Que c'était honteux!.. Deux êtres s'aimant, s'unissant, se donnant l'un à l'autre tout entiers,

se restant fidèles toute leur vie, sans en avoir pris
l'engagement devant des tiers, que ça ne regarde
pas du tout ! quand il était si simple et si moral
de faire comme tous les honnêtes gens : de se marier sans se connaître ; l'une, parce que papa
trouve que ça fait bien l'affaire ; l'autre, parce
qu'il guigne le magot ; de se prêter devant le maire
un solennel serment de fidélité, et de se cocufier
réciproquement six mois après. Jamais l'abbé
Pierre n'avait pardonné à son frère Guillaume
d'avoir estimé que, plus deux associés sont cons-
tamment libres de se séparer, plus leur union est
solide et saine, puisqu'elle est scellée par l'estime
mutuelle, ciment autrement fort que la convention
et la loi qui ne font le plus souvent, des unions
qu'elles consacrent, que de sales nids d'ordure, de
mensonge, de violence et d'hypocrisie.

Quinze ans après, Marguerite, après avoir donné
à Guillaume trois superbes et robustes garçons,
superbes et forts comme le sont les enfants d'amour,
— même sans contrat, — Marguerite mourait à
trente-cinq ans, emportée par une fièvre typhoïde.
Et la maison, bien triste, restait vigoureuse et
saine « *conduite toujours par Mère-Grand* » (*sic*),
la maman Leroi.

« *Deux années après, la famille s'était aug-*
« *mentée* » (*sic*). Guillaume avait recueilli chez
lui Marie Couturier, la fille d'un de ses amis,
« *inventeur, fou de génie* » (*sic*), mort pauvre. —
Comme on reconnaît bien là ces gens de rien qui

se marient sans maire et sans prêtre ! — La jeune
fille, charmante, solide, sage, mais libre-penseuse
aussi, était depuis cinq ans dans cette maison
saine, laborieuse, dévouée, adorée de tous, de
Mère-Grand qui l'aimait pour sa pureté exempte
de toute crédulité bête, des trois fils de Guillaume
dont elle s'était faite la douce petite maman.

Marie Couturieur qui, ayant été élevée par une
mère pieuse, « *avait cessé d'elle-même toute pra-*
« *tique religieuse, révoltée dans son bon sens,*
« *n'ayant pas besoin de cette police morale pour*
« *être sage, trouvant au contraire l'absurde dan-*
« *gereux, destructeur de la vraie santé* ». (Sic.)

— Allo... Allo... chers théléphorespondants, ces
derniers mots : « *l'absurde destructeur de la vraie*
« *santé* » nous paraissent tellement beaux et rayon-
nants de vérité, que nous regrettons de ne pouvoir
vous les crier dans l'appareil bien plus fort que
tous les autres. Mais, dans le téléphone, c'est
connu, plus on braille moins ça s'entend. — Alors,
nous devons nous contenter d'appeler votre attention, pour le cas où la chose vous aurait échappé,
— ce qui ne nous semble pas possible, — sur ce
passage vraiment puissant d'un livre qui, décidément commence à en prendre pas mal l'habitude.

Et nous regrettons vivement dans des circonstances pareilles que la science n'ait pas encore
résolu le problème de transmettre par le téléphone,
en même temps que le son de la voix, la physio-
nomie de celui qui parle dedans; car, en nous

écoutant vous narrer cette superbe page, si lumi-
neuse et si profondément vraie, vous nous verriez
certainement pâlir un peu d'admiration. — Et nous
n'en rougirions pas.

— Allo .. Allo... nous continuons :

« *Peu à peu, l'idée d'un mariage possible entre*
« *Marie et Guillaume était née.* » (*Sic.*) Les trois
fils, qui chérissaient Marie comme une bonne
petite mère qui les avait bien gâtés, désiraient cet
événement. Mère-Grand, avec sa puissante indé-
pendance de jugement, considérait la chose comme
enviable, naturelle et saine.

C'est qu'elle n'était pas, ce monstre de Mme Leroi, de ces femmes vertueuses, raides et pincées,
qui, obéissant aux larges principes de la haute
morale, eussent pensé en pareille circonstance :

— Guillaume!... qui a été loyalement mon
gendre!... épouser loyalement une autre femme!...
Jamais de la vie!... ce serait dégoûtant!... J'aime
bien mieux qu'il aille de temps en temps dans les
maisons de prostitution... c'est plus convenable.

Bref, cette union avait été décidée et le mariage
était fixé au printemps prochain.

Pierre le savait, et cela le mettait dans des états
épouvantables, à la pensée que peut-être son anarchiste de frère allait encore, cette fois, se marier à
la mairie du vingt-et-unième arrondissement.

L'évocation de tout ce passé de son frère Guillaume faisait que c'était avec une sorte d'écœure-
ment que l'abbé Pierre se dirigeait vers la demeure

damnée de ce frère impie. Il était disposé à trouver tout dégoûtant dans cette maison sacrilège, et quand il eut tiré le cordon de la sonnette, il s'essuya machinalement la main qui avait touché le bouton, en se la frottant sur la fesse.

Ce fut Marie qui vint lui ouvrir. Elle était superbe : « *le corps vigoureux, les hanches* « *larges, la poitrine large, de muscles solides,* « *le nez de finesse, le pur front d'intelligences* « *on la sentait saine et d'une grâce adorable de* « *femme dans sa force* ». (Sic.) Seulement, voilà... « *elle déplut à Pierre* » (sic), parce qu'au moment où il avait sonné, elle était en train de faire un savonnage et qu'elle était venue lui ouvrir les bras nus jusqu'au dessus des coudes.

Et il ne saisissait pas, cet homme chaste hanté par le désir de fonder une religion nouvelle, cette nuance délicate et charmante qui existe entre une jeune fille calme et pure qui montre sans malice ce qu'elle ne désire pas que l'on regarde et la sournoise goton qui fait semblant de cacher ce qu'elle brûle d'envie qu'on voie.

L'entrevue entre Pierre et la famille de Guillaume fut assez froide. Devant ces trois fils, robustes et sains qui travaillaient paisiblement dans l'atelier, cette belle jeune fille si simple et si vaillante, cette superbe vieille femme — Mme Leroi — à l'air si courageux et si tendre, Pierre ne savait pas bien au juste quelle contenance tenir.

Il fit les commissions dont l'avait chargé son

frère, remit la clef du petit coffret à Mme Leroi et
prit congé.

Marie le reconduisit jusqu'à la porte, et lui dit
bravement, « *ses yeux gais et candides fixés sur*
« *ceux du prêtre.* » (*Sic.*)

— « *Au revoir, Monsieur l'abbé... Dites à*
« *Guillaume que je l'aime et que je l'attends.* »
(*Sic.*)

— L'effrontée!... pensa Pierre en tournant les
talons, et elle n'a même pas rabattu ses manches!...

III

Trois jours s'étaient passés. Guillaume, toujours
très souffrant et surtout très inquiet dans la petite
maison de son frère, à Neuilly, guettait tous les
matins l'arrivée des journaux, qui tous continuaient
à donner sur l'explosion de l'hôtel Duvillard les
détails les plus imbéciles et les plus alarmants. Ils
racontaient que les anarchistes avaient miné les
catacombes et que Paris tout entier était menacé
de sauter un matin; ou bien ils parlaient d'un formidable complot international des mêmes anarchistes qui se proposaient de scier l'Europe en
dessous à une profondeur de quinze cents mètres
et de la pousser en île flottante dans le grand
Océan atlantique, après l'avoir arrosée de pétrole
additionné de cacao Van Houten épuré par ses
2.82 pour cent de potasse supplémentaire.

Mais tout cela n'inquiétait pas outre mesur

Guillaume, qu'une seule chose occupait : Savoir si Salvat avait été découvert et arrêté.

Tout à coup, dans un de ces journaux, Pierre lui lut une note dans laquelle il était dit : « *Que « l'on avait découvert sous le porche de l'hôtel « Duvillard un poinçon marqué Grandidier, et « que ce Grandidier, usinier connu, était appelé « le jour même chez le juge d'instruction.* » (Sic.)

Guillaume fut consterné. Il savait que Salvat avait travaillé à l'usine Grandidier, et pensa qu'il avait dû laisser tomber son poinçon sous le porche Duvillard en allumant sa bombe. La justice était sur la bonne piste ; tout était perdu.

Mais heureusement, il se trouvait que Thomas, le fils aîné de Guillaume, qui s'occupait de mécanique, travaillait aussi en amateur chez ce Grandidier ; ce qui permit à Pierre d'offrir à son frère d'aller de sa part prévenir Thomas pour qu'il retînt sa langue en cas de perquisition à l'usine, et en même temps de tirer les vers du nez à Grandidier pour savoir ce que lui avait dit le juge d'instruction.

Naturellement, Guillaume acquiesça avec enthousiasme, et Pierre partit pour Montmartre, où se trouvait l'usine Grandidier, avec l'idée de pousser jusqu'à la rue des Saules, pour savoir ce qu'était devenu Salvat, qui habitait là, comme nous l'avons vu.

Il commença même par là et alla frapper chez

Mme Théodore, le collage de Salvat, comme nous
l'avons vu également.

Mme Théodore était partie faire une tournée chez
son frère Toussaint et sa sœur Hortense Chrétienne
qui demeuraient dans le quartier, pour tâcher d[e]
[le] taper chacun de vingt sous, car elle était dans
une misère noire.

Pierre ne trouva au domicile de Salvat que l[a]
petite Céline à qui il acheta une paire de souliers
la pauvre petite étant nu-pieds, pour qu'elle pû[t]
l'accompagner à la recherche de sa mère.

Ils la rencontrèrent sortant de chez son frèr[e]
Toussaint.

Pierre, roublard, commença par demander [à]
Mme Théodore où se trouvait l'usine Grandidier
et Mme Théodore lui ayant offert de l'y conduire
il accepta, ralentit son pas et essaya de la fair[e]
causer sur Salvat. Mais elle, garde à carreau aussi
lui répondit qu'elle ne savait rien de rien, qu[e]
Salvat devait être allé en Belgique pour ouvrir l[a]
porte d'un de ses clients qui avait laissé tomber l[a]
clef de sa chambre dans un water-closet, etc., et[c.]
Pierre n'ayant pu en tirer autre chose, entra dan[s]
l'usine Grandidier, où l'on fabriquait en ce momen[t]
des bicyclettes à bon marché pour les grands ma[-]
gasins du idem, et demanda à parler à Thomas Fro[-]
ment.

Le jeune homme, « *les mains noires de limaille*
« *en tenue de travail, vêtu du bourgeron de mé[-]*
canicien » (*sic*) quoique brillant élève vingt fo[is]

couronné du lycée Condorcet, était en train d'étudier un nouveau moteur qui devait, disait-il, au moyen d'un compteur automatique perfectionné, permettre au bicycliste de savoir au juste le soir combien de piétons il avait renversés dans la journée.

Il vint d'un air aimable au-devant de Pierre, qui lui parla tout de suite de cette histoire du poinçon trouvé rue Godot-de-Mauroy et de la perquisition probable qui inquiétait Guillaume.

Thomas le rassura :

« — *Dites à mon père, ajouta-t-il, qu'il dorme*
« *tranquille, la police peut perquisitionner, notre*
« *secret ne court aucun risque* » (sic). « *Et puis,*
« *dites-lui aussi que je ne tiens pas encore notre*
« *petit moteur tel que je le veux* » (sic). Je cherche
à le perfectionner en trouvant le moyen qu'il indique, en même temps que le nombre des personnes écrasées, si elles ont ou non le diabète.

Pierre feignit de s'intéresser à ce moteur ; mais il continua à questionner Thomas pour tâcher de savoir si on soupçonnait Salvat et ce que le juge d'instruction avait bien pu dire à Grandidier à ce sujet.

Justement, M. Grandidier arrivait. Thomas lui présenta Pierre. M. Grandidier se mit alors à raconter, en riant, sa séance chez le juge d'instruction Amadieu, — car c'était cette vieille canaille, que nous avons rencontrée chez les Duvillard, qui était chargée d'instruire l'affaire et de la compli-

quer au besoin, pour terroriser les bourgeois et
réactionniser ainsi les prochaines élections.

— Il m'a questionné, dit-il, au sujet de ce poinçon trouvé sur le lieu de l'explosion et qui était
marqué à mon chiffre. J'ai bien vu que son sale
nez de fouine frétillait dans la direction de Salvat,
mais je ne lui en ai pas dit plus long. « *Qu'il le*
« *cherche, avec ses yeux de chat !* » (Sic.)

Pendant que Grandidier allait examiner le travail de Thomas, Pierre s'approcha de trois ou-
vriers qui étaient en train de se laver les mains et
s'intéressa fort à leur conversation, qui roulait,
naturellement, sur l'affaire de la bombe. Il ne
perdit pas son temps ; les trois compagnons échangeaient, à propos des attentats anarchistes en
général, des opinions qui, pour n'être pas absolument semblables, avaient cependant dans l'ensemble quelque similitude.

« — *Leur anarchie, disait Toussaint, un des*
« *trois causeurs, ça me révolte, je n'en suis pas.*
« *Mais tout de même, que les bourgeois s'arran-*
« *gent, si on les fait sauter. Ça les regarde, ils*
« *l'ont voulu.* » (Sic.)

« — *Vous savez, moi, reprenait Charles, le fils*
« *de Toussaint, je les ai entendus qui causaient,*
« *les anarchistes ; et, vrai !... ils disent des choses*
« *très justes et très raisonnables... Enfin, père,*
« *voilà que tu travailles depuis plus de trente*
« *ans ; est-ce que ce n'est pas une abomination ce*
« *qui vient de t'arriver, la menace de crever de*

« faim comme un vieux cheval qu'on abat?... Que
« le tonnerre de Dieu m'emporte! on est tenté
« d'en être, de leur grand chambardement, si ça
« doit faire le bonheur de tout le monde. » (Sic.)
« Que voulez-vous? Quand on vous pousse à bout,
« on devient enragé. » (Sic.)

En somme, tous ces braves gens-là n'étaient
pas encore des bombistes, non ; mais il était bien
difficile de distinguer au juste si c'était la bonne
volonté qui leur manquait de l'être ou la timidité
qui les retenait de le devenir.

Leur conversation avait pas mal troublé l'abbé
Pierre, qui, en regagnant Neuilly, dans le
tramway, inquiétait ses voisins de la plate-forme
par ses airs effarés. « Il était tombé dans une son-
« gerie profonde. » (Sic.) Cette agitation ouvrière du
quartier, ce bourdonnement de l'usine, toute cette
activité débordante de ruche « lui faisait appa-
« raître pour la première fois la nécessité du tra-
« vail ». (Sic.) Nos lecteurs penseront peut-être qu'il
y a beaucoup de gens qui n'ont pas besoin d'aller
visiter une usine à Montmartre pour faire cette
découverte géniale que le travail est nécessaire.
Mais de ce grand flanchard d'abbé Pierre, rien ne
peut plus guère les étonner maintenant.

Puis, en même temps qu'il enfantait cette nou-
veauté que le travail est une chose nécessaire,
Pierre se retournait d'un autre côté et se disait, —
juste au moment où le conducteur du tramway lui
demandait ses trois sous ·

« — *Mais quelle dérision !... le travail incertain,*
« *sans espoir, le travail aboutissant à l'éternelle*
« *injustice !.. . et la misère alors guettant tou-*
« *jours l'ouvrier, l'étranglant au moindre chô-*
« *mage, le jetant à la borne comme un chien*
« *crevé, dès que venait la vieillesse.* » (Sic.)

Mais Pierre ne pensait pas un instant à se
dire :

— Eh bien... quoi... c'est simple comme bon-
jour... Il faut que l'homme travaille, bon, c'est
entendu. Il faut même qu'il travaille pour lui,
pour ceux qui ne travaillent pas encore et pour
ceux qui ne travaillent plus. Accepté. Mais, en re-
vanche, il faut qu'il soit assuré que, quand il ne
travaillera plus, ceux pour qui il a travaillé tra-
vailleront à leur tour pour lui !... La voilà la Religion nouvelle !... avec laquelle je rase tout le
monde depuis cinq ans !... Le voilà l'Esprit nouveau avec lequel Léon XIII et Mgr Martha se
mettent à nous raser également !... Pas besoin
d'eux pour ça !.... Trois cents députés socialistes
au lieu de cinquante-neuf !... et ça y sera !...

En arrivant à Neuilly, Pierre fit part à son frère
Guillaume du résultat de ses démarches. « *Guil-*
« *laume, en apprenant que Salvat était soup-*
« *çonné, fut repris d'une fièvre intense* (Sic) et
« bégaya, la tête dans l'oreiller :

« — *Allons, c'est la fin !... Salvat arrêté, Salvat*
« *questionné... Ah !... tant de travail, tant d'espoir*
« *qui croule !...* » (Sic.)

Mais Guillaume ne disait toujours pas à Pierre quelle était la cause de cette angoisse incompréhensible, parce qu'il pensait sans doute :

— Si je dis mon secret à Pierre, il fera un tas de réflexions là-dessus comme c'est son habitude ; les lecteurs sauront tout ; et alors il n'y aura plus de surprise pour eux quand je leur dirai ce qu'il y avait dans ma cartouche.

IV

Pierre se rendit rue d'Ulm, chez le savant chimisté Bertheroy, qui la veille, en soignant son frère Guillaume, l'avait invité à venir assister chez lui à une petite conférence scientifique familière, mais intéressante, sur les différents explosifs.

Pierre rencontra là le jeune François Froment, le second fils de son frère Guillaume, le Normalien distingué. Le neveu et l'oncle se firent bon accueil ; Pierre avait fait l'effort de pardonner à peu près à François sa naissance interlope, et « *ce grand* « *garçon aux yeux si vifs dans sa haute face* « *d'intellectuel lui avait laissé une impression* « *de charme profond lors de sa visite à Mont-* « *martre* ». (*Sic.*)

Bertheroy parla savamment des matières explosibles en général, dont l'étude le passionnait ; et particulièrement de la bombe Duvillard, de laquelle il avait soigneusement examiné un débris ; et il s'exaltait à la « *formidable puissance de la car-*

« *touche centrale* ». (*Sic.*) Selon lui, « *on se trou-*
« *vait en face d'un explosif nouveau dont la puis-*
« *sance dépassait tout ce qu'on avait pu concevoir*
« *jusque-là* ». (*Sic.*) Et, dans sa péroraison, il
s'enflamma, en pensant que les explosifs, bien
employés et « ~~neutralisés~~ *par la science, avaient*
« *peut-être en eux la force libératrice, le levier*
« *qui soulèverait et changerait le monde* ».
(*Sic.*)

Les auditeurs étaient enthousiasmés ; et ils en-
trevoyaient déjà, dans un avenir prochain peut-
être, le monde régénéré par la dynamite, que des
régulateurs modèles disciplineraient de telle sorte,
en en graduant la force, que les humains pourraient s'en servir à volonté pour faire sauter les
montagnes encombrantes et la banque à Monte-
Carlo, et s'enlever les pellicules de leur cuir che-
velu.

En quittant le laboratoire Bertheroy, Pierre et
François s'en allèrent ensemble, causant, comme
deux bons amis, d'un tas de choses sérieuses,
incompréhensibles et assommantes, telles que :
École Normale. Esprit nouveau, Néo-spiritua-
lisme, etc...

Au Jardin du Luxembourg, ils rencontrèrent
Hyacinthe, le fils du baron Duvillard, ce jeune
sans-sexe (ou trop-de-sexes) que nous avons déjà
croisé dans de riches et mauvais lieux.

« — *Comment !.. te voilà dans notre vieux*

*quartier, **en province ?** (Sic)* » dit François à
Hyacinthe.

François tutoyait cette jeune pourriture, on ne
sait pas pourquoi. Une ancienne habitude de col-
lége, la seule excuse

En trois minutes de conversation, cette sale
petite fausse-couche leur dégoisa, selon son habitude, quelques grosses ordures sur son thème
favori : le mépris de la femme , et les laissa écœu-
rés sur cette péroraison de poseur vicieux :

« — Oh ! mon cher... en a-t-on assez abusé de
« la femme !... N'est-il pas temps vraiment de
« l'en chasser pour nettoyer un peu le temple
« des immondices dont ses tares de femelle l'ont
« souillé ! .. C'est tellement sale, la fécondité, la
« maternité et le reste !... Si nous étions tous assez
« purs, assez distingués pour ne plus en toucher
« une seule, par dégoût, et si toutes mouraient
« infécondes, n'est-ce pas ? ce serait au moins
« finir proprement. » (Sic.)

Sur ces mots sensationnels, Hyacinthe tourna
le dos et partit. Ce que nous ne comprenons pas,
c'est qu'à ce moment si propice, au lieu de lui
donner la main en signe d'adieu, François, qui
était un garçon robuste et sain, n'ait pas flanqué,
jusqu'à la cheville, dans le derrière de ce vomitif
androgyne, son pied d'honnête garçon.

Probablement, la crainte de lui procurer une
sensation agréable, comme le disait un jour Fré-

dérick-Lemaître, au cours d'une dispute, à un cabot connu pour ses... tendances analogues.

Pierre et François restèrent seuls, François, qui remontait à Montmartre, demanda à Pierre s'il voulait l'accompagner. Pierre accepta. Ils partirent et entrèrent au Musée du Louvre, où François voulait prendre son frère Antoine, le graveur, qu'il savait en train de « *dessiner, dans la salle « des Primitifs, une académie d'après Mante-« gna* ». (*Sic.*)

Antoine, qui était, comme son frère François, un garçon vigoureux et d'une grande intelligence, plut beaucoup à Pierre, comme François lui avait plu, comme Thomas lui avait plu.

Pierre se sentait bien un peu troublé et surpris de s'embéguiner de la sorte pour les trois fils de Guillaume, trois fils illégitimes — puisque naturels — d'un libre-penseur, et qui, certainement, n'avaient pas fait leur première communion ; mais ils étaient tous trois de si belle venue, si beaux, si francs, si loyaux et si braves, que Pierre était bien obligé de reconnaître qu'il n'y a pas de belles et de parfumées que les plantes arrosées avec de l'eau bénite.

Les deux frères et Pierre remontèrent ensemble à Montmartre, et allèrent visiter l'atelier du sculpteur Jahan, qui leur montra un ange que l'archevêché lui avait retoqué « *parce qu'il l'avait fait « trop humain* » (*sic*), et une statue de la Fécon-

dité, qu'il était en train de faire, et de laquelle il
était très content.

Antoine et François admiraient cette femme solide, avec « *ses fortes hanches, son ventre d'où*
« *devait naître un monde nouveau, sa gorge*
« *d'épouse et de mère gonflée du lait rédempteur*
« *et nourrisseur* » (sic), en se disant tout bas :

— Si ce fœtus de Hyacinthe était là, il en ren-
drait son déjeuner.

Pierre, lui, en ecclésiastique prude, s'abstenait
de lever les yeux sur cette puissante et majestueuse
figure de la Fécondité, qui semblait lui dire d'un
air narquois :

— Oh! ne te force pas !... ce n'est pas sur toi que
je compte !..

Il s'intéressait plus particulièrement à une jeune
fille qui était venue leur ouvrir la porte de l'atelier,
et « *qui venait de se rasseoir devant une petite*
« *table, où elle lisait un livre* ». (Sic.)

C'était Lise, la sœur de Jahan, pauvre petite
infirme des jambes, mais jolie et douce à ravir.

L'accueil empressé qu'avait fait Lise à Antoine
n'avait pas échappé à Pierre ; et quand il vit celui-
ci venir s'installer d'une façon libre auprès de la
jeune fille, la questionner tout bas, voir le livre
qu'elle lisait, etc.. etc., il pensa :

— Toi, mon bonhomme... je comprends pourquoi tu voulais monter voir la Fécondité !..

En sortant de chez Jahan, Pierre Antoine et
François rencontrèrent Thomas, très joyeux. Il

croyait avoir enfin trouvé son petit moteur pour
vélos. Il avait imaginé un petit ressort qui mar-
quait deux crans d'un coup au compteur, chaque
fois que le vélocipédiste avait écrasé une femme
enceinte. Il chargea Pierre d'apprendre cette
bonne nouvelle à son père.

Puis les quatre hommes se séparèrent.

Resté seul, Pierre se mit à faire ce qu'il faisait
régulièrement en pareille circonstance. Il regarda
devant lui d'un air gnole et songea.

Sous ses yeux s'étendait l'immense Paris. Alors
il se dit, rêveur et mélancolique :

— Là-bas, à l'est et au nord, c'est la ville du
travail manuel ; au sud, c'est la ville de « l'*étude*
« *et de l'intellectuel labeur* ». (*Sic.*) Au centre, c'est
le commerce, et à l'ouest c'est la ville « *des heu-*
« *reux et des puissants en lutte pour la possession*
« *du pouvoir et de la richesse* ». (*Sic.*)

C'était bien la quinzième fois que Pierre se livrait à ce classement contemplatif des gouttières de
chaque immeuble ; mais c'était plus fort que lui,
chaque fois qu'il se trouvait sur une hauteur, aussi
bien à Lourdes qu'à Rome ou à Paris, il ne pouvait
se retenir de se dire, en s'indiquant successivement
du doigt la droite, la gauche et le centre de l'ho-
rizon :

— Ici, les hommes turbinent et crèvent de faim ;
là, ils jouissent de tout en ne fichant rien et en vo-
lant les autres ; au milieu, ils se soûlent tous
comme des cochons.

Et cette fois encore, comme cela lui arrivait régulièrement toutes les fois qu'il se livrait à cet ex rcice, il sentit passer en lui, après cette analyse méthodique des tuyaux de cheminée et des tortures de la gigantesque capitale, « *la délicieuse* « *fraîcheur, la venue confuse encore d'une foi* « *nouvelle* ». (*Sic.*) Ce que c'est de voir les choses de haut !

V

Depuis un mois, Guillaume, presque guéri de sa blessure, était chez son frère Pierre, à Neuilly. Il lisait toujours les journaux, anxieux d'y voir annoncer l'arrestation de Salvat.

A l'étage du dessus s'était aussi réfugié le vieux révolutionnaire Barthès, qui n'avait pas osé mettre le nez dehors depuis qu'il avait été mené chez Pierre, par Théophile Morin, à la suite de l'explosion de l'hôtel Duvillard.

Chez ce vieux pilier de prison, qui avait passé cinquante, des soixante-quinze années qu'il avait vécues, dans les cachots, et que vivre en plein air devait déranger dans ses habitudes, cette hantise de la police rappelait bien un peu le vidangeur de la légende, faisant la grimace pour un cheveu trouvé sur sa marchandise. Pierre et Guillaume en souriaient.

Les visiteurs étaient assez rares. C'étaient toujours les mêmes intimes : Théophile Morin, Bache et Janzen, qui venaient souvent tailler, chez

Pierre, des bavettes politiques d'un assez puissant
intérêt.

Théophile Morin était toujours le socialiste
proudhonien que nous avons vu, le positiviste
féroce, persuadé avec Comte que « *par la science*
« *seule se résoudrait le problème humain, social*
« *et religieux* » (*Sic*); seulement il flanchardait un
peu en politique, « *résigné d'avance à la venue*
« *du dictateur qui remettrait un peu d'ordre*
« *pour que l'instruction de l'humanité s'ache-*
« *vât* » (*Sic*.) Compter, pour achever l'instruction
de l'humanité, sur un dictateur, qui ne pourrait
espérer rester dictateur qu'à la condition que tous
les hommes restassent bêtes, c'était bien un peu..
naïf pour un conseiller municipal mûr.

Bache, lui, était fouriériste, cabétien et communard, ne rêvant que phalanstères modèles, où
chacun travaillerait pour tous et tous pour chacun.

Cet honnête homme avait pourtant son chancre,
lui aussi : il croyait aux tables tournantes. Et il
était tout entier « *dans ce besoin de foi, dans ce*
« *tourment du divin qui, après lui avoir fait*
« *chasser Dieu des églises, le lui faisait retrouver*
« *dans le pied d'un meuble* ». (*Sic*.)

Restait Janzen. Celui-là était anarchiste en
plein. Il ne lâchait que de courtes phrases, mais
« *elles cinglaient comme des fouets* » (*Sic*.) A tous
les projets pacifiques de réforme de Bache et de
Théophile Morin, qu'il considérait comme des
rêveurs mous, il avait des haussements d'épaules

et répondait : « *Non... pas de raccommodages !...* « *Démolir la vieille maison qui s'écroule et en* « *reconstruire une neuve.* » (*Sic.*)

Et si on lui objectait :

— Pardon !... Mais... est-ce qu'on ne pourrait pas s'arranger comme on pourrait, tant bien que mal, dans la vieille, en attendant que la neuve soit construite ?

Il répliquait d'un ton sec, avec un accent bariolé russe-polonais-autrichien-allemand, — car on ne savait pas au juste de quel pays il était.

— Nitchevo !... Tantpironska !... J'menfichermann !... « *Raser les peuples pour ensemencer de* « *nouveau la terre d'un peuple jeune et meilleur.* » (*Sic.*)

Bache, Théophile Morin et même l'abbé Pierre étaient terrifiés ; seulement, à pas un d'eux l'idée ne venait de répondre à Jansen :

— Mais... si on rase les peuples mauvais, qui est-ce qui fera les enfants pour les peuples meilleurs ?

On comprend sans peine quels effets devaient produire sur la nature oscillante de Pierre de pareilles conversations.

Comme à Lourdes, comme à Rome, « *il passait* « *d'une foi à une autre, rejetant celle-ci pour en* « *accepter une troisième* ». (*Sic.*) Ça donnait des envies folles de le monter en travers sur une barre de fer et de le planter sur un toit.

Positiviste avec Théophile Morin, communard

avec Bache, déterministe avec son frère Guillaume, et même, de temps en temps, bombiste avec Janzen, Pierre oscillait sans cesse comme une vieille guenille pendue au vent.

Guillaume, lui, était plus d'aplomb. De toutes ces discussions jaillissait toujours pour lui quelque chose, comme cela arrive d'ailleurs forcément, — et c'est là le précieux, — de toute discussion entre gens de bonne foi qui ne demandent pas mieux, au contraire, que de voir à 5 heures 35 les choses autrement qu'ils ne les voyaient à 5 heures et demie.

Un soir, après une de ces conférences contradictoires qui le passionnaient, Guillaume, resté seul avec Pierre, s'emballa en parlant tout seul de son idéal social.

Il voyait dans l'avenir le « *triomphe du commu-* « *nisme libertaire, cette anarchie où il rêvait* « *l'individu délivré, évoluant, s'épanouissant sans* « *contrainte aucune pour son bien et pour le bien* « *de tous* ». (Sic.)

Et comme Pierre le regardant les yeux grands ouverts, de l'air abruti de l'abonné de l'*Autorité* cherchant à comprendre un mot d'Aurélien Scholl, il continuait :

— Oui, n'était-ce pas l'idéal ? « *Un peuple sauvé* « *de la tutelle de l'État, sans maître, presque sans* « *loi, un peuple heureux dont chaque citoyen* « *ayant acquis par la liberté le complet dévelop-* « *pement de son être, s'entendait à son gré avec*

« *ses voisins pour les mille nécessités de l'exis-*
« *tence ?* » *(Sic.)*

La bouche de Pierre s'ouvrait de plus en plus,
mais son intelligence de moins en moins. On eût
dit un concierge de musée à qui un visiteur racon-
tait l'affaire Dreyfus en japonais.

Ce que voyant, Guillaume termina ainsi :

« *Couchons-nous. Suis-je bête de te fatiguer avec*
« *toutes ces choses qui ne te regardent pas.* » *(Sic).*
Il était assez dur pour son frère !.. Guillaume.

Le lendemain, quelle fut la surprise de Pierre et
de Guillaume, en train de lire dans le grand cabinet
de travail, lorsque la veille servante leur annonça
la visite de Jansen accompagné d'un ami, qui
n'était autre que... Salvat.

Salvat venait voir Guillaume, qu'il aimait et
respectait beaucoup. Il avait à lui dire que « *ça*
« *lui avait fait bien de la peine quand on lui*
« *avait dit l'embêtement où il l'avait mis en lui*
« *chipant une cartouche* ». *(Sic.)* Il ajouta que
« *c'était la seule chose dont il eût un remords* »
(sic), et termina en disant à Guillaume « *qu'il*
« *n'avait rien à craindre de lui* », et « *qu'il*
« *se laisserait vingt fois couper le cou plutôt que*
« *de prononcer son nom* » *(sic)*. Quelles crapules
tout de même, que ces anarchistes !...

Et comme Guillaume en serrant la main de
Salvat lui disait :

« *Vous n'êtes pas méchant ; mais quelle bête et*

« *abominable chose vous avez faite, mon gar-*
« *çon!...* » (*Sic.*)

Salvat répondit le plus simplement du monde :
« *Oh! Monsieur Froment!... si c'était à refaire*
« *je le referais, ça, vous savez... c'est mon idée.* »
(*Sic.*)

Puis il raconta, d'un air las et résigné, que depuis
un mois il était traqué par la police qui, un de ces
matins, finirait bien par lui mettre la main dessus.
Et il en prenait son parti, heureux du sacrifice de
son existence et « *de l'exemple d'un grand acte*
« *donné, avec la certitude que d'autres héros naî-*
« *traient de lui, pour continuer la lutte* » (*sic*).
Ce qui vous rappelle malgré soi le refrain de la
veille chanson : «*Y a bien des rich' qu'en feriez*
pas autant!... »

Jansen, lui, dans son coin, écoutait tout cela et
souriait rossement. Ça l'amusait, ces bombes qui
éclataient de temps en temps ; et il disait: « *On se*
« *bat, on se défend, on tue les autres et on tâche*
« *de ne pas être tué, c'est la guerre.* » (*Sic.*)

Quand Jansen et Salvat furent partis, Guillaume
et Pierre devisèrent un peu de ce qu'ils venaient
d'entendre. Guillaume était plein de pitié pour
Salvat et allait jusqu'à dire que l'on comprenait son
acte de violence.

« — *Tout son passé d'inutile travail*, disait-il à
« Pierre, *de misère sans cesse accrue, est là qui*
« *l'explique. C'est un bon ouvrier, sobre, brave,*
« *l'injustice l'a toujours exaspéré. Comment*

« *veut-on qu'il ne vive pas dans le rêve, un rêve*
« *de rachat qui tourne à l'incendie et au*
« *meurtre?* » *(Sic.)*

« — *Mais enfin*, dit Pierre à son frère, *tu ne*
« *peux pas être avec ces bandits, ces assas-*
« *sins!* »... *(Sic.)*

Et Guillaume lui expliqua que, non certainement il n'était pas avec eux ; mais qu'il devait bien,
comme tout esprit loyal doit le faire, « *établir*
« *l'histoire de l'heure mauvaise que nous traver-*
« *sons* » *(sic)* ; et il tenta de faire comprendre à
Pierre que la responsabilité des bombes n'est pas
tout entière aux déshérités et aux révoltés qui les
jettent, mais bien plutôt aux oppresseurs et aux
exploiteurs qui font tout pour qu'elles éclatent ;
sans oublier les mous, les indifférents et les culs-
de-plomb, moins méchants, mais aussi dangreux,
qui s'entêtent à ne rien faire pour qu'elles n'éclatent pas.

Pierre tout d'un coup se leva d'un bond, et « *ce*
« *fut une débâcle de colère et de douleur* » *(sic).*

Il dit à Guillaume qu'après avoir bien réfléchi,
il était tout à fait désespéré du salut de l'humanité, « *que tout croulait, que la civilisation allait*
« *sombrer* » *(sic)*, « *que Fourier avait ruiné Saint-*
« *Simon, que Proudhon avait démoli Fourier* »
(sic), que Lourdes l'avait dégoûté, que Rome
l'avait fait vomir, et que partout il n'avait fait
« *que toucher le fond du néant* » *(sic)*. Et, comme
Guillaume semblait tout étonné d'apprendre que

le néant eût un fond, Pierre termina en disant :
« *Je ne crois plus à rien, à rien.* » (*Sic.*)

En prononçant ces derniers mots, il s'était dressé, « *les deux bras ouverts, comme pour en lais* « *ser tomber l'immense néant de son cœur et de* « *son cerveau* ». (*Sic.*)

Guillaume, effrayé à la pensée que cet « immense néant » que tenait Pierre dans ses deux bras ouverts, tout près de lui, allait lui tomber sur le pied, s'éloigna un peu en disant à Pierre :

— Hé ! là bas,... prends garde, grand serin... j'ai un cor !

Puis il manifesta son étonnement d'apprendre que son frère, « *qu'il croyait un prêtre admira-* « *ble* » (*sic*), niât tout et ne crût plus à rien. Et il dut se retenir pour ne pas lui dire :

— Eh bien.... dis donc.... et toutes les femmes que tu confesses ?... je ne sais pas si tu leur montes un joli bateau !...

Pierre, en extase, continua « *en élargissant de* « *nouveau les bras dans le vide* » (*sic*).

— Mais prends donc garde !... s'écria Guillaume en se reculant encore, je te dis que tu vas me foutre ton « immense néant » sur le pied !...

Mais Pierre, tout à fait emballé, vociféra :

« — *Il n'y a rien !... j'ai tâché de tout savoir,* « *et je n'ai trouvé que l'abominable douleur de* « *ce rien qui m'écrase !...* » (*Sic.*)

— Etre écrasé par un « rien !... » Comme il doit souffrir !... se dit Guillaume.

Si Guillaume eût pensé un instant que son frère pût comprendre, il lui eût dit :

— Mais, grande gnole !... pourquoi t'effondrer ainsi dans le découragement parce que ton Fourier, ton Cabet, ton Saint-Simon, ton Proudhou et bien d'autres n'ont pas trouvé la solution de la question sociale ?... Ils ont dit leur mot ; c'est l'essentiel. Dis le tien à ton tour ; tout se continue, et le triomphe de la justice est au bout de ces efforts successifs de la pensée qui s'enchaînent et se complètent. Parce que l'humanité a cru jusqu'ici à un tas de saletés et de niaiseries, — et tu en sais quelque chose, puisque tu t'étais chargé d'en vendre, — et qu'aujourd'hui elle n'y croit plus, tu t'imagines qu'elle ne va plus croire à rien ?... Allons donc !... Elle va se faire de nouvelles croyances basées cette fois sur quelque chose de propre : la science, le libre examen, la raison !... La foi en des choses que l'on ne comprend pas... Finie !... on l'a assez vue !... Est-ce qu'il n'y a pas dans celles que l'on comprend de quoi vous passionner ?... L'honneur, le courage, le sacrifice de soi, la justice !... Est-ce qu'un homme, en pratiquant seulement une seule de ces choses, n'y trouvera pas cinquante fois l'occasion d'y risquer sa liberté et sa vie et de devenir un martyr ? Tiens... laisse-moi donc tranquille avec tes pleurnichailleries de détraqué !... tu as besoin de te refaire les muscles et les nerfs... viens fendre un peu de bois!...

Mais Guillaume pensa que tout cela serait inutile; et il se mit simplement à parler à Pierre de son explosif nouveau, sur lequel il fondait de superbes espérances, — celui dont Salvat lui avait chipé une cartouche.

Il s'agissait « *d'une poudre d'une si extraordi-* « *naire puissance que les effets en étaient incal-* « *culables (sic).* Gros comme une noisette, *elle* « *anéantirait une armée en quelques heures et* « *réduirait en poudre une ville assiégée.* » (*Sic.*) La formule, les dessins des engins, tout cela était en lieu sûr. — Grand'maman Leroi savait ce qu'elle aurait à faire à ce sujet-là.

Guillaume, d'un esprit large, n'était pas de la Ligue des Gâtriotes. Aussi lui avait-il fallu « *des* « *mois d'anxieuses réflexions pour décider qu'il* « *donnerait son invention à la France* » (*sic*) plutôt qu'à une autre nation. Il s'était pourtant arrêté à ce dernier parti, non pas par admiration pour l'œuvre de Paul Deroulède, qu'il considérait comme une jocrisserie malfaisante, mais parce qu'il avait décidé — en sa qualité de Français probablement — que seule « *la France* « *était investie de la mission initiatrice et que* « *Paris était le cerveau du monde d'où devait* « *partir toute science et toute justice* » (*sic*).

Cette décision prise en faveur de Paris par un savant chimiste allemand, par exemple, ou espagnol, ou japonais, qui aurait découvert un explo-

sif merveilleux et l'aurait offert à une autre patrie
qu'il jugeait plus digne que la sienne dans l'intérêt
de l'humanité, nous causerait un étonnement qui
friserait de bien près l'enthousiasme ; mais nous
ne dissimulerons pas que notre admiration est
moindre en pensant que Guillaume était de Montmartre, et que les natifs de Montmartre,—comme
ceux de Marseille, d'ailleurs, sont généralement
assez disposés, quand on leur demande quel est le
pays le plus noble, le plus grand, le plus généreux
et le moins bête du monde, à répondre modeste-
ment :

— Té... mon bon... c'est le mien, parbleu !...

Cependant, le doute le reprenait encore. Etait-il
bien raisonnable de faire cadeau de son explosif à
la France ? « *Où était la main de logique et de*
« *santé qu'il fallait armer de la foudre ?* » (Sic.)
« *Paris, vainqueur des peuples, serait-il le justi-*
« *cier, le sauveur qu'on attendait ?* » (Sic.) « *Ah !...*
« *l'angoisse de se croire le maître des destinées*
« *du monde ! et choisir !... et décider !...* » (Sic.)

Le fait est que c'était embarrassant pour ce
pauvre Guillaume. En effet, pourquoi Paris plutôt
que Copenhague, ou Madagascar, ou Pékin ?...
Qu'est-ce qui prouvait que Paris, vainqueur du
monde, au lieu de moraliser et de purifier ce
monde, ne le corromprait pas, au contraire, en lui
infusant ses vices : sa Bourse véreuse, ses théâtres
plus que libres, ses journaux pornographiques, ses

bicyclistes bossus, et ses crieurs de résultats complets des *queurses ?*

Il fit part de ses incertitudes à Pierre, il lui demanda de l'aider, « *de le suppléer même s'il n'allait pas au bout de sa tâche.* » (*Sic.*)

« — *Il faut que tu travailles,* » lui dit-il, « *que tu aimes, que tu renaisses à la vie. La vie seule te rendra la paix et la santé.* » (*Sic.*)

Pierre, ému, se jeta dans les bras de son frère en pensant qu'ordinairement c'était la santé qui rendait la vie ; mais il n'en répondit pas moins à Guillaume :

« — *Ah! que je voudrais le croire, tenter la guérison !... Déjà, c'est vrai... un vague réveil s'est fait en moi.* » (*Sic.*)

Et les deux frères, définitivement réconciliés, pleurèrent, « *le cœur noyé dans un attendrissement immense* » (*sic*), Guillaume se disant :

— Enfin... ça fait toujours un prêtre de moins !...
Et Pierre pensant :

— A quel travail va-t-il bien m'employer, quand j'aurai donné mes huit jours au Vatican?

FIN DU LIVRE DEUXIÈME

Livre treizième

Nous re-sommes chez les Duvillard, la veille de la mi-carême. Le baron Duvillard, voulant épater les populations, après l'affaire de la bombe qui avait cassé quelques carreaux sous son vestibule, avait exigé que sa femme donnât ce jour-là une grande fête de charité dans leur hôtel : une vente au bénéfice de l'œuvre des Invalides du Travail. Son but, à cette vieille andouille douillarde, était que les feuilles bien pensantes du grand monde imprimassent le lendemain de longues tartines enthousiastes, se terminant toutes, sauf variétés de rédaction, par ce mot ironique et Cornély...en à l'adresse des anarchistes : Voilà comme les riches se vengent des bombes !...

Très roublard, le baron Duvillard avait, disait-on, lancé 5,000 invitations pour cette vente de charité, au cours de laquelle de jolies dames, bien mises, devaient vendre 50 francs à des imbéciles, bien mis aussi, des porte-cigarettes et des cordons de binocles d'une valeur de 25 sous.

Le baron, qui était un homme pratique avant tout, s'était dit :

— Cette vente au profit des pauvres peut donner aisément une soixantaine de mille francs ; ce seront les autres bons jobards qui les paieront en flirtant avec nos femmes, et moi qui en aurai en réclames tout le bénéfice, avec 300 francs de rafraichissements.

Et, malin comme un singe, le baron Duvillard
avait eu soin de s'arranger de façon à ce que les
réparations des dégâts de la bombe Salvat ne fus-
sent pas complètement terminées pour le jour de
cette fête, afin que les visiteurs, en parcourant
l'hôtel, pussent pâlir d'effroi devant les gerçures
des murs, que le baron avait donné ordre de ne
pas reboucher et de ne pas repeindre, et se dire,
terrifiés :

— L'ont-ils échappé belle, hein?... Oh! ces
monstres d'anarchistes!... Et quelle grande âme
ce baron!... S'occuper des pauvres après une secousse pareille!

Il paraît même que, le matin de cette fête, le
baron Duvillard avait passé trois heures à se pro-
mener dans les couloirs de son hôtel, s'assurant
que la mise en scène était bien au point, faisant
dans les murs des entailles avec son couteau de
poche pour simuler des lézardes fantastiques,
arrachant des lames de bois du parquet, crachant
des gorgées de vin rouge, simulant le sang sur les
murs en collant dedans des touffes de cheveux,
etc., etc., de façon enfin à donner à ses invités
l'idée d'un massacre effroyable.

De leur côté, la baronne Duvillard et sa fille
Camille faisaient, elles aussi, leurs petits prépara-
tifs de réception; mais toutes deux avaient un
autre objectif. La baronne, que Gérard lâchait pas
mal depuis quelque temps, comptait sur cette
vente de charité pour le voir chez elle; et, à cet

effet, avait fait des prodiges de toilette et une extraordinaire consommation de cold-cream et de poudre de riz dont les femmes de quarante-six ans s'émaillent pour se rajeunir de quinze ans, sans jamais s'apercevoir qu'elles se vieillissent de vingt-deux.

Camille, la mauvaise petite bossue, qui elle aussi attendait Gérard, riait en dessous comme une rosse de la toilette ridicule de sa maman. Elle s'était, par contraste, mise simplement; mais « sa « longue face de chèvre mauvaise luisait d'une joie « cachée » (sic) et semblait dire à sa mère:

— Conte ton conte et maquille-toi tant que tu voudras, ma vieille !.. J'ai pour moi l'odeur de mes vingt-trois ans ! Et ce que je vais te le ratisser, ton amoureux !...

Des regards haineux que se lançaient les deux femmes, il était facile de prévoir un solide crépage le chignon à bref délai. Il eut lieu, en effet, après e déjeuner intime qui précédait la séance de la ente et auquel avaient assisté les fripouilles ordi- aires amies de la maison : le général Ramollot le Bozonnet, la princesse de Harn, Fonsègue, Hyacinthe, etc., etc.

La scène éclata à propos de toilettes. Les deux emmes s'empoignèrent, la fille blaguant sa mère e s'habiller en jeune femme, la mère ricanant de a fille qui s'attifait comme un paquet.

Naturellement, elles arrivèrent à parler de Gé- ard, car c'était là où elles voulaient en venir; et

Camille, espérant donner après un copieux déjeuner une attaque d'apoplexie à sa mère, lui annonça tout net que Gérard allait venir lui demander sa main.

— Tu mens!... s'écria la baronne exaspérée, en souffletant sa fille d'un bouquet de roses qu'elle tenait à la main, c'est moi que Gérard aime... il me l'a encore dit hier soir... Tu n'es qu'une dinde !

— Et à moi, répondit Camille, il m'a encore dit le contraire ce matin... Vous n'êtes qu'une vieille grue !...

Les deux femmes du monde, ivres de fureur, oubliant même qu'elles étaient décolletées, firent le geste de retrousser leurs manches pour s'allonger une tournée, et allaient se précipiter l'une sur l'autre quand Hyacinthe entra et, de son air rosse et tranquille, leur dit que tout le monde les attendait en bas pour commencer la vente.

Et les deux femmes, comme si de rien n'était, descendirent et prirent place à leur comptoir de l'air le plus gracieux; mais la colère n'en bouillonnait pas moins en elles.

Aussi les deux premiers acheteurs du monde chic qui se présentèrent à leur comptoir pour y faire une emplette galante écopèrent-ils d'une façon à laquelle ils ne comprirent rien du tout.

— Combien ce ravissant porte-cigarettes, Madame? dit un jeune secrétaire d'ambassade à la baronne Duvillard en lui roulant des yeux chassieux mais bêtes.

Et la baronne, le sourire aux lèvres, mais croyant toujours continuer la conversation interrompue avec sa fille, répondit d'un air féroce :

— F...-moi la paix, sale guenon, ou je te gifle !...

Et cela, pendant que Camille, accostée par un gros vieux financier chauve, laid et l'air cochon, qui lui demandait en bavant le prix d'un binocle monté en écaille, s'imaginait, elle aussi, que c'était sa mère qui continuait à lui parler et lui répondait d'un ton plus que bref :

— Ah !.. tu sais... vieux trumeau... en voilà assez, tu m'......!...

Le jeune secrétaire d'ambassade et le vieux financier faisaient deux têtes !...

Mais, par contenance d'hommes du monde, ils feignaient de croire à une plaisanterie... de charité et bégayaient tous deux en riant :

— Cha..a..a..mant !... délicieux !...

Pendant que les deux mégères, revenues à elles, leur enveloppaient gracieusement étui à cigarettes et binocle, et leur en flanquaient à chacun pour soixante-quinze francs dans les fesses.

Autour des comptoirs de ces dames, on vit bientôt tournailler tous les gens de notre connaissance qui venaient, d'abord pour être vus, ensuite pour causer de leurs petites et sales affaires.

Entr'autres, le baron Duvillard était fort occupé de recruter des gens chics pour l'assister, le soir, à un grand dîner qu'il avait préparé au Café Anglais, et auquel il avait invité un critique d'art influent, mais sévère, afin de le gagner à la cause de Sylviane, dont il mijotait toujours l'engagement à la Comédie-Française, la charmante artiste lui ayant, nous l'avons vu, signifié en termes plus que crus que, tant que ça ne serait pas pour la voir débuter à ce théâtre, il n'avait pas besoin de sortir sa lorgnette de son étui.

A ce moment, Gérard parut. Le baron Duvillard se précipita au-devant de lui dans l'intention de l'embaucher pour cette entrevue au cours de laquelle, lui dit-il, « *devait se décider l'avenir de Sylviane* » (sic). Il lui fallait un homme du monde à ce dîner pour faire chanceler la vertu du critique influent.

Gérard fit quelque résistance; il prétexta une indisposition de sa mère qu'il ne voulait pas laisser seule, ne comprenant pas très bien, au fond. comment l'avenir d'une cabotine sans talent pouvait bien dépendre de la coupe des faux-cols de gens dînant au Café Anglais. Mais comme, même les saloperies — surtout les saloperies — que vous demande de faire un millionnaire dont on a l'idée d'épouser la fille se refusent difficilement. dans le monde des gens bien, Gérard se laissa faire et promit d'être au fameux dîner.

Mais Gérard n'était pas au bout de ses peines. A leur comptoir, Camille et la baronne, qui l'avaient vu entrer, le guettaient. Camille, empressée et toute riante, lui vendit un tas de bibelots

dont elle bourra elle-même les poches de son pardessus, en lui serrant les mains d'une façon des
plus significatives ; et tout cela sous le nez de sa
mère, qui faisait une tête !...

Quand celle-ci put enfin l'avoir à elle, sup-
pliante, elle lui arracha la promesse d'un rendez-
vous pour le lendemain, dans un restaurant du
Bois de Boulogne où ils s'étaient déjà rencontrés.

Ce que ce pauvre Gérard se faisait vieux,
tiraillé ainsi par deux femmes également arden-
tes !... Et à part lui, en s'éloignant, ce faiblard à la
façade menteuse se disait d'un air tout à fait
avachi :

— Eh bien, je le retiens, le proverbe qui dit que,
quand il n'y en a même pas pour une, il y en a
pour deux !...

Dans son affalement, Gérard allait, comme on
le voit, jusqu'à parodier la Sagesse des Nations
avec une certaine morbidesse.

II

Nous sommes chez le bon abbé Rose, avec qui
Pierre dîne ; mais nous n'y restons pas longtemps,
le temps de vous présenter la mère du jeune anarchiste Mathis, brave femme qui vient emprunter
dix francs à l'abbé Rose, et leur raconte à tous
deux sa triste histoire : un mari aux idées exaltées,
mort en prison à la suite d'une bagarre dans une

réunion publique, la misère ensuite, un fils ayant
hérité des idées de son père, ne fichant rien de ses
dix doigts et laissant mourir sa mère de faim, etc.

Nous nous transportons maintenant, à la même
heure, rue Saint-Dominique, chez la vieille comtesse de Quinsac, que nous trouvons, comme
d'habitude, en train de roucouler des tendresses
rassises avec son vieux soupirant en retraite le
marquis de Morigny.

Elle lui parle de Gérard, son fils, et du mariage
projeté de celui-ci avec la petite milliardaire
Camille Duvillard ; mariage qui la désole, mais
sur le auquel elle est sur le point de consentir, sa
grande loque de fils étant sans le sou et n'ayant
plus que ce moyen de renickeler un peu le blason
des Quinsac.

Justement Gérard entre. Il vient prévenir sa
mère qu'il a été obligé d'accepter du baron Duvillard une invitation à dîner au Café Anglais.

De la rue Saint-Dominique nous nous transportons avec Gérard à ce Café Anglais, où Silviane, le
baron Duvillard et leurs invités sont déjà arrivés,
sauf le critique influent qui se fait attendre en vrai
mufle qu'il est pour se donner de l'importance.
Silviane commence même à la trouver mauvaise.
Quoique ne comptant guère d'ancêtres que dans
le quartier Mouffetard, elle tenait de Louis XIV
l'horreur de « faillir attendre ».

La salle où devait être servi ce repas somptueux
était ruisselante de lumière et de fleurs, « les

« *lampes électriques étincelaient, tout le branle*
« *du plaisir* » (sic).....

— Allô... allô... D'où vient, cher téléphorespondant, cette secousse que vous venez d'imprimer au
cornet de l'appareil ? Quelque chose dans notre
récit vous aurait-il surpris ou contrarié ?... Allô...
allô... Vous ne répondez pas ?... Nous continuons :

« .....*le branle du plaisir commençait à secouer*,
« *à chauffer les murs.* » (*Sic*) Silviane avait une
toilette étourdissante... et d'un suggestif à faire
crépiter un tas de choses folichonnes, même dans
le feuilleton théâtral du *Temps* de l'austère oncle
Francisque.

Le dîner fut plus que joyeux, pendant que « *des*
« *cabinets voisins venait tout un bruit de baisers*,
« *le branle...* » (*Sic.*)

— Allô... allô... Voyons, cher téléphorespondant... ne secouez donc pas comme ça l'appareil...
vous allez le démancher... Nous continuons :

« .....*le branle qui avait grandi dans la*
« *maison entière.* » (*Sic.*)

Silviane buvait du champagne en veux-tu en
voilà, et cela la rendait très... enfin... toutes sortes
de choses. Fonsègue, Duthil et Gérard étaient
très émoustillés par les propos plus que poivrés
de cette jolie femme qui, à mesure qu'elle se soû-
lait, devenait de plus en plus incan..... Nous
n'achevons pas le mot, il ne serait plus juste. Et
le critique influent lui-même, malgré tout le rigo-
risme et la pureté qui sont, on le sait, les qua-

lités maîtresses des critiques influents en général,
commençait à faiblir et ne se sentait pas trop éloigné de soutenir le lendemain, dans son feuilleton
dramatique, qu'il fallait vraiment que le Ministre
des Beaux-Arts ne fût qu'une vulgaire andouille
pour n'avoir pas depuis longtemps fait engager à
la Comédie-Française, comme grande héroïne,
une artiste de grande envolée que n'avaient jamais
égalée les Rachel et les Ristori dans l'art de se
pinter et de roter à table devant des hommes en
leur racontant des histoires grasses.

Le vieux polisson de baron Duvillard lui-même
« *la voyait avec plaisir se griser, et l'y aidait*
« *même* ». (*Sic.*) Il avait son plan. Seulement, Silviane le devinait ce plan, et souriait en pensant :

« — *Je te vois venir, mon gros* »... (*Sic.*) Tu
t'imagines que ce soir... Oui, mais tu peux te
fouiller... Rien... rien... rien... avant mon début à
la Comédie !....

Tout à fait ivre, elle se leva tout d'un coup et dit
aux quatre messieurs, fortement allumés par ses
gaudrioles, qu'il fallait qu'ils la menassent finir la
soirée à Montmartre, au *Cabinet des Horreurs*,
où elle brûlait d'envie d'entendre chanter une
chanson rigolo intitulée *La Chemise*, et « *qui fai-*
« *sait courir tout Paris* ». (*Sic.*)

Faisant les bégueules (pour la forme), les quatre
libertins, — car ils n'étaient plus que quatre, — le
critique influent étant parti à dix heures, à regret et
très emballé, — faisant les bégueules, disions-nous,

les quatre libertins se récrièrent, disant que le Cabinet des Horreurs « *était un mauvais lieu* » (sic) où une femme distinguée ne pouvait être vue, et « *la chanson de la Chemise une vraie saleté* » (sic) indigne d'oreilles aussi chastes que celles de Silviane. Mais celle-ci ayant insisté avec ardeur et terminé sa supplique fougueuse par cette phrase héroïque que nous n'avons pas retrouvée dans *Polyeucte* : « *Zut!... Si on nous engueule, ce sera* « *bien plus drôle!... Partons vite!...* » (sic). les quatre compagnons de Silviane cédèrent et l'on partit.

Ce Cabinet des Horreurs était, nos téléphorespondants l'ont deviné, un bouibouis du boulevard Rochechouart, où se débitaient toutes sortes de saloperies, et que fréquentaient par chic les gens les plus huppés. C'était « *le rut de l'immonde,* « *l'irrésistible attirance de l'opprobre et du dé-* « *goût* » (sic). Aussi y rencontrons-nous justement ce soir-là : la petite princesse de Harn, le jeune esthète Hyacinthe, le coulissier véreux Bergaz; puis, dans un autre ordre : le jeune anarchiste Mathis, le policier interlope Raphanel, le maquereau Rossi et le germynien Sanfaute. Une belle société, comme l'on voit.

L'arrivée de Silviane, accompagnée du baron Duvillard, de Gérard et de Duthil, dans leur loge, fit sensation, Silviane absolument pocharde et décolletée affrontait tous les regards avec insolence, si bien qu'ils furent en un instant le point de mire de toute la salle. La petite princesse de Harn se tordait en voyant coqueter à côté de cette gadoue le baron Duvillard, dont elle avait le fils à côté d'elle.

Hyacinthe, lui, fidèle à ses principes, dédaignait !... « *Son père* ı ıt *semblait un gosse de se* « *toquer ainsi d'une fille, et son mépris de la* « *femme devint insultant.* » (*Sic.*)

Le petite princesse de Harn, qui, toute catin qu'elle fût, avait au moins son sexe, rembarra solidement Hyacinthe en lui disant d'un ton pointu que, tout dégoûtant que pût être un vieillard qui aimait les jeunes femmes, il l'était encore moins qu'un jeune homme qui aimait les...

Hyacinthe, vexé, l'interrompit en ricanant et « *faisant allusion à la perversité connue de Sil-* « *viane* » (*sic*), lui proposa de la lui présenter et lui dit insolemment : « *Vous ferez bon ménage.* (*Sic.*)

Rosemonde comprit, se mit à rire et répondit : « — *Non, non ; je suis curieuse, mais je ne* « *vais pas encore jusque-là.* » (*Sic.*)

« — *Vous irez bien un jour, il faut tout con-* « *naître* » (*sic*), reprit Hyacinthe de plus en plus dégueulatoire.

« — *Mon Dieu !... oui, qui sait ?* » (*sic*), riposta Rosemonde, devenant tout d'un coup pensive au souvenir de quelques-unes des grandes et belles pages du divin chantre de JO et LO.

Quand l'artiste Legras eut chanté la *Chemise,* cette horrible chose « *qui faisait accourir tout*

« *Paris* » (*sic*). Silviane devint tout à fait folle. Elle venait de reconnaître dans ce Legras un cabot pour qui elle avait eu jadis quelques... bontés. Tout d'un coup, elle s'en sentait toquée de nouveau et avait décidé de se le payer séance tenante.

Elle dit au baron Duvillard, à Duthil et à Gérard, en mettant sa pelisse :

— Nous partons... « *Allez tous les trois m'at-*
« *tendre dans ma voiture, je vous rejoins tout de*
« *suite.* » (*Sic.*)

Les trois hommes sortirent comme il leur était enjoint par cette traînée de le faire, et attendirent sur le trottoir pendant plus d'une demi-heure, causant de choses et d'autres auxquelles ils ne faisaient d'ailleurs aucune attention, ayant tous les trois chacun une pensée de derrière la tête qui les absorbait complètement. Le plus drôle, c'était que cette pensée était exactement la même pour tous les trois.

Chacun d'eux, repassant dans son souvenir les stimulants épisodes de cette soirée au cours de laquelle Silviane, complètement pocharde, leur avait dit à tous des choses... enfin des choses... voilà ce que c'est... pensait à part lui, en tâchant que les deux autres n'y voient rien :

— C'est moi qui vais coucher avec elle ce soir !...

Ce à quoi ils ne pensaient ni les uns ni les autres, c'est que, comme dans la fable, allait survenir un... quatrième larron qui saisirait Maître

Allgothon. Ce quatrième larron survint, c'était le cabot Legras que Silviane était allée trouver dans sa loge pendant que les trois flandrins amorcés l'attendaient sur le trottoir devant sa voiture.

Aussi, lorsqu'à bout de patience e baron Duvillard donna l'ordre à son cocher d'aller voir ce que faisait Mademoiselle Silviane, celui-ci, au bout d'une autre grande demi-heure, revint-il respectueusement, en se pinçant le coin de la bouche pour ne pas éclater de rire, lui répondre d'un ton mielleux, mais assez rosse :

« — *Madame fait dire à Monsieur le baron* « *qu'elle ne rentrera pas.* » (Sic.)

La tête que firent les trois jobards allumés !... on s'en fait facilement une idée. Le baron surtout était furieux. « *Une femme qui lui avait coûté* « *déjà près de deux millions* » (sic), le sacquer pour un pitre des boulevards extérieurs !... Il rentra chez lui, accompagné de Gérard, bien décidé à rompre avec cette guenon. Nous verrons bien... mais nous n'avons pas confiance... à cet âge-là...

Pendant que les trois hommes attendaient Silviane sur le trottoir devant le Cabinet des Horreurs, ils avaient été rencontrés par l'abbé Pierre qui, sortant de chez l'abbé Rose, cherchait une voiture pour rentrer chez lui à Neuilly. Avec le bon abbé Rose, il avait été visiter une hospitalité de nuit, et était encore tout secoué du spectacle de « *ces dortoirs empestés dont l'odeur de bétail* « *l'avait fait défaillir* ». (sic). Il se mit à conter

tous ces détails puants à ces trois hommes encore
tout farcis de truffes, imbibés de cliquot, impré-
gnés de musc, et que ça n'intéressait, on le pense
bien, que dans une proportion tout à fait négli-
geable.

Pierre aurait dû s'en apercevoir et leur parler
plutôt de Grille-d'Egout ou de Nini-Patte-en-l'air ;
mais on le sait, il avait de ces naïves jocrisseries.
Quand il se mettait à rêvasser, il se serait arrêté
devant le groupe de Carpeaux pour lui lire la
Bible.

Au moment où Pierre arrêtait un fiacre pour se
faire reconduire chez lui, un homme lui dit tout bas
en passant tout près de lui :

« — *Prévenez votre frère, la police est sur les
talons de Salvat qui peut être arrêté d'une
heure à l'autre.* » (Sic.)

Dans l'homme qui s'éloignait, Pierre crut reconnaître le petit anarchiste Mathis. C'était lui, en
effet, qui sortait du Cabinet des Horreurs où il
avait vu l'agent de police Montdésir venir fouiller la
salle de son œil de mauvaise fouine pour tâcher
d'y découvrir Salvat ; mais celui-ci avait décampé
depuis quelques instants.

Pierre rentra chez lui un peu anxieux, en pensant :

— C'est égal... pour un Monsieur qui dit des
messes aux frais du budget, me voilà tout de
même fourré dans un drôle de monde !...

III

Nous sommes maintenant dans le cabinet d
Montferrand, le Ministre de l'Intérieur, qui fa
un nez d'une longueur démesurée en lisant la *Voi.
du Peuple*. Ce journal vient en effet, comme
l'avait promis, de publier la liste des chéquard
de la sale affaire des chemins de fer Africains; e
Montferrand y figure en tête pour quatre-ving
mille francs, Fonsègue pour cinquante mille, Duth
pour dix mille, etc., etc.

Montferrand est furieux, mais il n'a pas tro
peur. Il se dit : j'ai touché, mais je n'ai rien sign
je nierai, voilà tout!... Seulement, ce qui l'inquiète
c'est qu'à la suite des révélations de la *Voix d
Peuple*, cette rosse de Mège ne va pas manque
selon son habitude, d'interpeller le lendemain à
Chambre pour culbuter le ministère.

Une idée pourtant le tient en équilibre : il mo
nologue en piétinant dans son bureau et, comm
il est seul, sa nature voyoute se donne libre cou
et il ne choisissait pas ses mots :

— En somme, vieux couillon... — se dit-il
qu'est-que ça peut te foutre qu'on foute le mini:
tère par terre si tu surnages?

Et, partant de cette idée, qui devient son id
fixe, il s'apprête à manœuvrer dans ce sens. Tou
d'abord, il téléphone au baron Duvillard de ven
immédiatement causer avec lui. Et reprenant so
monologue libre, il se dit :

— Le baron est une vieille crapule... mais quand on se noie dans la merde, on ne peut pas être assez cul pour ne vouloir en être retiré que par des parfumeurs...

A ce moment, l'huissier entra.

— Pourvu qu'il ne m'ait pas entendu!... pensa Montferrand un peu troublé.

L'huissier avait parfaitement entendu, parce qu'il écoutait toujours à la porte quand le Ministre était seul, ses monologues Bruantesques l'amusant beaucoup; mais il ne laissa rien paraître et annonça très gravement à Montferrand la visite du chef de la Sûreté, M. Gascogne.

M. Gascogne venait en effet annoncer au Ministre que Salvat, qui avait été manqué de quelques minutes par la police dans le *Cabinet des Horreurs* à Montmartre, s'était faufilé dans le bois de Boulogne et qu'il allait être pincé au premier moment.

Montferrand, roublard, flaira immédiatement le salut dans cette aventure. S'il pouvait le lendemain déclarer à la Chambre qu'il avait mis la main sur le dangereux anarchiste, il devenait l'idole du jour, et cet imbécile de Mège pouvait se fouiller avec son interpellation sur les chéquards.

Il recommanda à Gascogne de ne parler à âme qui vive, excepté à lui, de l'arrestation de Salvat, car il voulait en faire le lendemain un coup de théâtre à la Chambre pour conserver son porte-

feuille, ou plutôt en avoir un autre dans le ministère suivant. C'est beau, la politique !...

Gascogne, qui avait découvert la retraite de
Barthès chez l'abbé Pierre, demanda à Montferrand s'il devait arrêter le vieux révolutionnaire
chez l'abbé.

— Non, répondit Montferrand, j'ai dit à l'abbé
Pierre qu'il vienne parler de cela avec moi, je l'attends. Ne bougez pas. « *Ayons les prêtres avec
nous et non contre nous* » (*sic*). C'est beau, la
politique !..

Gascogne congédié, Montferrand reçut Barroux
le président du Conseil qui, tout ému, venait lui
parler de la fameuse liste des chéquards publiée
par la *Voix du Peuple* et dans laquelle il figurait
lui Barroux, pour deux cent mille francs. Barroux
n'était pas une canaille au vrai sens du mot. Il
convenait parfaitement qu'il avait reçu deux cent
mille francs lors du lancement des chemins de fer
africains, mais qu'il les avait — ce qui était vrai
— distribués à la presse de son choix, ce qui se
fait à chaque occasion semblable. — C'est beau,
la politique !.. Il dit à Montferrand qu'en pleine
séance le lendemain il avouerait cette chose toute
naturelle et qu'il aurait tous les honnêtes gens avec
lui.

Montferrand lui répondit que ça n'avait pas le
sens commun d'être naïf à ce point, et qu'il fallait
toujours nier, nier quand même !..

— « *Qu'importe* !.. dit Barroux en s'en allant, s

*nous tombons, nous tomberons dignement, honnê-
tement ?* » (sic)

Montferrand congédia Barroux en haussant les
épaules et quand il fut seul se dit : Quelle moule !..

Il reçut ensuite le baron Duvillard, puis Fonsègue ; ces trois fripouilles devisèrent de la situation critique et tombèrent bientôt d'accord sur les
moyens d'en sortir. On jetterait à l'eau le cabinet
actuel et Montferrand ferait partie du nouveau
que l'on composa séance tenante en y introduisant
comme ministre des Beaux-Arts un nommé Dauvergne à qui l'on imposerait comme condition de
signer l'engagement de cette pouffiasse de Silviane
à la Comédie-Française, — c'était tout ce que demandait le baron Duvillard. Et l'on se sépara fier
d'avoir fait encore une fois le bonheur de la France.
— C'est beau, la politique. — En sortant, Fonsègue,
qui était assez spirituel, dit : « Nous venons de
faire le « *Ministère Silviane* » (sic). — C'est beau,
la politique. »

Vint alors l'abbé Pierre que Montferrand avait fait
venir pour lui dire que l'on savait le vieux révolutionnaire Barthès caché chez lui, que le gouverne-
ment aimait mieux laisser partir cette vieille bête
que de s'encombrer encore une fois de son arrestation, et qu'il lui conseillait de le mettre à la
porte dans les quarante-huit heures s'il ne voulait
pas qu'il fût arrêté chez lui.

Puis ce fut le tour de monseigneur Martha, qui
venait s'entretenir avec Montferrand de cet

« esprit nouveau » si à la mode au moyen duquel Léon XIII avait ingénieusement décidé de consolider la Papauté en l'appuyant sur la République française; mais en faisant croire à celle-ci que c'était elle qui se consolidait en s'appuyant sur la Papauté.

Quand les deux augures se furent regardés pendant dix minutes, en riant naturellement, ils se séparèrent, sûrs de l'appui l'un de l'autre, mais pensant tous les deux qu'ils venaient de se jobarder mutuellement dans les grands prix. — C'est beau, la politique!…

IV

L'après-midi de ce même jour, Guillaume et Pierre allèrent faire un tour de promenade au bois de Boulogne. Ils y arrivèrent au moment où les roussins commençaient la chasse à Salvat, qui s'y était réfugié. Le pauvre anarchiste, à bout de forces. mourant de faim, égratigné par les ronces avisa la remise d'un petit chalet et s'y engouffra.

Au même moment, — comme ça se trouve! — Guillaume et Pierre, pris par une averse, entrèrent s'abriter dans ce petit chalet, qui était un café restaurant.

Juste à cet instant, — comme ça se trouve encore! — arrivèrent dans ce café la baronne Duvillard, qui avait donné là rendez-vous à Gérard puis Gérard, la petite princesse Rosemonde, avec son bel Hyacinthe, « *qu'elle avait gardé chez elle la nuit précédente* » (sic), sans en pouvoir rien tirer, « *quoiqu'il eût consenti à se mettre au lit près d'elle* » (sic), et « *qu'elle l'eût roué de coups jusqu'à le mordre.* » (Sic.)

Au premier étage, dans le petit cabinet qu'occupaient le beau Gérard et la baronne Duvillard, celle-ci fut plus heureuse. Elle parvint à arracher à son compagnon vanné un de ces mots de la fin dont il devenait de plus en plus avare. Ils causèrent longtemps de son mariage projeté avec la petite bossue Camille, la baronne, malgré sa jalousie féroce, finissant par conseiller ce mariage à Gérard, à cause du retapage de son porte-monnaie.

Tout cela fut interrompu par une bourrasque d'agents de police, conduits par Mondésir, qui avaient découvert la retraite de Salvat et vinrent de boucler.

V

Le lendemain, les deux frères allèrent à la Chambre des députés pour assister à la fameuse interpellation Mège qui promettait d'être sensationnelle.

Mège parla d'abord et dit qu'il fallait tirer au clair cette affaire des chemins de fer africains et jeter carrément aux ordures tous les députés qui seraient convaincus d'avoir... chéqué.

Barroux, en demi-honnête homme qu'il était, avoua avoir touché deux cent mille francs, mais les avoir distribués à la presse pour une bonne cause. Un silence de glace l'accueillit. Il était fichu.

Montferrand, lui, nia tout avec audace. Et il termina par l'annonce de l'arrestation de Salvat qui produisit un effet énorme d'enthousiasme. Il était sauvé.

Guillaume et Pierre rentrèrent à Neuilly sous le charme exquis de cette séance sublime au cours de laquelle on avait vu un homme à peu près loyal être traité par ses collègues comme un escroc parce qu'il avait eu la bêtise de convenir franchement qu'il avait, comme tous ses prédécesseurs, cédé à une des nécessités de la politique ; pendant qu'un rasta se faisait porter aux nues par ces mêmes collègues parce que ses roussins s'étaient mis à soixante-cinq dans le bois de Boulogne pour passer à tabac un anarchiste qui n'avait pas mangé depuis trois jours.

Ils racontèrent la chose au vieux révolutionnaire Barthès en dînant. (Il ne vomit pas parce qu'il était habitué à ces choses-là depuis cinquante ans), et profitèrent de la circonstance pour lui apprendre que son arrestation était décidée s'il ne quittait pas la France dans les 24 heures.

Avec cette tranquillité des gens qui sont accoutumés à voyager, le vieux socialiste Barthès monta dans sa chambre, fit sa valise et partit très serein en remerciant ses hôtes et en leur disant d'un air fier :

— « Bah!.. qui sait?.. le triomphe est pour demain peut-être, l'avenir est à qui le sait et l'attend!.. (sic) ».

Belle parole d'apôtre!.. Produit devenu rare et que n'a remplacé que bien imparfaitement de nos jours l'idéal j'menfouteux de l'entripaillerie bourgeoise.

FIN DU LIVRE TROISIÈME

Livre quatrième

I

Guillaume, nous l'avons dit, avait décidé de rentrer dans sa maison de Montmartre. Par un doux matin des derniers jours de mars, il quitta Neuilly avec son frère Pierre, et tous deux se dirigèrent vers cette petite habitation charmante et saine de la place du Tertre.

Guillaume fut reçu par tout ce monde qui l'aimait avec un grand bonheur, mais sans grimaces. Maman Leroy, les trois robustes fils et Marie étaient tous de belles natures droites et simples. Ce qu'ils donnaient d'amitié pesait son vrai poids, mais n'était enguirlandé d'aucune démonstration vaine. Cela frisait même un peu la rusticité et n'eût certainement pas fait le compte de bien des mièvres friands de décor ; mais Guillaume, mieux que personne, connaissait la valeur réelle de cette beauté sans fard, et son bonheur fut grand de rentrer au milieu de ces braves gens qui lui étaient chers.

Pierre lui-même fut un peu troublé. Il revenait sensiblement sur sa première impression, laquelle, on s'en souvient, n'avait pas été favorable, surtout à Marie dont les bras nus et le regard franc l'avaient d'abord choqué.

Il déjeuna avec eux. On fut gai, on parla même

de bicyclette; Marie en raffolait et en faisait. Pierre n'en fut pas scandalisé.

Il s'habitua à cette maison, qui lui avait au début paru une maison maudite, et il revint tous les jours. Avec Marie, ça allait de mieux en mieux; et, comme à un moment donné il lui paraissait triste, elle le sermona amicalement et en forte fille qu'elle était.

Ces frictions-là peuvent avoir du bon; mais où elles mènent quand ça se passe sur la peau d'un homme jeune et que c'est une jolie fille vigoureuse qui frotte?.. nous sommes sûrs que nos téléphores-pondants se le sont déjà demandé, et même que quelques-uns d'entre eux se sont déjà répondu.

Mais, n'anticipons pas.

II

Nous avons beau ne pas vouloir anticiper, nous voyons les événements venir au-devant de nous avec un certain empressement. Que l'on en juge:

Un soir que Pierre aidait Thomas dans son travail, « *il s'embarrassa dans la jupe de sa soutane* « *et manqua de tomber.* » (Sic.)

Et Marie, qui avait eu peur, lui dit simplement:

« — *Pourquoi ne l'ôtez-vous pas ?* » (Sic.)

Marie n'y avait pas mis la moindre malice et eût été bien surprise si Pierre, la prenant au mot, eût enlevé sa soutane séance tenante; mais ce mot, si droit, si net, s'enfonça dans l'esprit de Pierre et n'en sortit plus.

Il n'avait fallu qu'un mot, — et un mot dit sans aucune espèce d'intention rosse, — pour que Pierre se mit tout d'un coup à se demander toute la journée et toute la nuit ce qu'il aurait dû se demander depuis plus de trois ans : c'est-à-dire quelle raison il y avait pour qu'il restât prêtre puisqu'il ne croyait plus à rien de ce qu'un prêtre doit croire et faire croire aux autres.

Et un beau matin il arriva à Montmartre en pantalon, en veston et en petit chapeau melon, qui lui en donnait bien moins l'air que celui qu'il venait de quitter.

Ni Mère-grand, ni Marie, ni les trois fils n'eurent un mot de surprise en le voyant habillé de la sorte. Marie même eut un petit coup d'œil coquin, qui semblait dire :

— Il est tout de même moins toc qu'avec sa grande machine !...

Mais n'anticipons pas...

III

Sapristi !... mais... c'est que ça devient de plus en plus difficile de ne pas anticiper... Les événements vont... vont...

A peine avait-il endossé les habits de simple pékin qu'une autre terrible secousse attendait Pierre. Un matin qu'il arrivait à Montmartre, il trouva Marie habillée en vélocipédiste : « *culotte de serge*

« *noire, petite veste de même étoffe sur une chemi-* « *sette de soie écrue !* » (*Sic.*)

Et pour comble de... mettons : malheur, « *une* « *matinée d'avril si claire, si douce !* » (*Sic*)

Et ce n'était pas fini !... A peine était-il entré que Marie lui dit d'un ton qui ne souffrait pas d'obser- vation... tant il était aimable :

— Nous devions aller avec Antoine jusqu'à la forêt de Saint-Germain ; Antoine ne peut pas venir, prenez son vélo, nous allons y aller tous les deux...

Pas moyen de s'esquiver. Ce que fut cette pro- menade ?... on s'en doute. Marie, plus charmante que jamais, enjouée et rieuse comme toujours, tint tout le long du chemin à Pierre les propos les plus libres et les plus suggestifs sur l'émancipation de la femme par la bicyclette ; et quand ils revin- rent à Montmartre pour déjeuner, ça y était !... il était pincé, et il le sentait.

Il n'était d'ailleurs pas le seul à le sentir. Mère- grand, très perspicace, avait depuis quelque temps saisi certaines choses... et Guillaume lui-même n'était pas sans quelque souci, à preuve que, pen- dant la promenade de son frère et de Marie, dis- trait et songeur, il avait, en confectionnant son fameux explosif, oublié de fermer un robinet au moment précis, et que si Mère-grand n'avait pas été là pour tourner le bouton, toute la maison sau- tait.

La situation menaçait donc de devenir très diffi- cile. Aussi, Pierre en retournant chez lui, fort

troublé de ce qu'il venait de lui découvrir en
avait-il résolu de s'éloigner pour toujours de cette
maison dans laquelle il ne voulait pas porter le
chagrin.

IV

On allait juger Salvat. Guillaume et Pierre
avaient pu trouver deux places dans la salle, où
ils virent — c'était inévitable — Duthil, Fonsègue, la petite princesse Rosemonde, le général
Ramollot de Bozonnet, le reporter Massot, la demi-
quart de vierge Silviane, etc., etc., enfin tout ce
beau monde dans lequel nous barbotons depuis
25 milles lignes et qui était venu là comme on va
à un five-o'clock pour y potiner d'un tas de petites
affaires malpropres.

On parlait surtout du prochain mariage de
Gérard de Quinsac avec la petite mauvaise bossue
Camille Duvillard, auquel sa mère avait fini par
consentir, et qui devait être célébré prochainement
à la Madeleine le même jour que les débuts de
Silviane à la Comédie-Française dans *Polyeucte*,
car le premier acte du nouveau ministère avait été
la nomination de cette grue.

Le procès de Salvat fut ce que sont tous les
procès de ce genre.

Le président, en interrogeant l'accusé, se montra
cruel et rosse comme ils le sont tous, le réquisi-
toire du procureur général fut un tissu d'exagéra-

tions et de mensonges comme toujours; Salvat, brave, résigné et fier, dit tranquillement qu'on « *pouvait l'envoyer à l'échafaud, qu'il savait* « *bien que son exemple enfanterait des braves* » (sic) qui continueraient son œuvre de justice, et termina en criant : Vive l'anarchie!... comme cela se fait ordinairement; et le jury le condamna à mort, comme d'habitude.

Guillaume et Pierre sortirent très émus. En rentrant chez eux, ils rencontrèrent sur le quai le petit Mathis qui, d'une voix sèche, leur dit : « *Ah!* « *c'est du sang qu'ils veulent!... Ils peuvent lui* « *couper le cou, il sera vengé.* » (Sic.)

Ça promet.

V

La situation de Guillaume, vis-à-vis de Marie, devenait intolérable. Quelques explications en famille la tranchèrent assez facilement.

D'abord, Mère-grand dit un matin à Guillaume :

— Vous n'avez pas été sans vous apercevoir que Pierre et Marie s'aiment, j'espère bien que vous allez retirer votre candidature et les marier?

Guillaume répondit :

— Naturellement.

Puis il eut une explication avec Marie, et lui dit :

— Ma chère enfant, vous aimez Pierre, qui vous aime et qui est plus jeune que moi; il faut vous marier ensemble.

Marie, se faisant un peu prier pour la forme, répondit :

— Ça va de soi.

Il ne restait plus à Guillaume qu'à s'entendre avec Pierre. Ce ne fut pas long.

— Pierre, lui dit-il, tu aimes Marie, Marie t'aime... je te la donne !...

Pierre fit quelques manières aussi, par politesse, et répondit à Guillaume :

— C'est entendu, je te reconnais bien là !

On fit ensuite part de la chose aux trois fils de Guillaume, qui dirent tranquillement en chœur :

— Ça ne pouvait pas finir autrement !

L'affaire était bâclée.

On convint que, pour fêter ces fiançailles, Guillaume et Pierre iraient assister à l'exécution de Salvat qui devait avoir lieu le lendemain, et tout rentra en joie dans la petite maison de Montmartre.

FIN DU LIVRE QUATRIÈME

Livre cinquième

I

L'exécution de Salvat ressembla à toutes les exécutions. Nous y retrouvons, comme nous les retrouvons partout, le député Duthil, le journaliste Massot, les deux catins Silviane et la petite princesse de Harn.

Quand Salvat eut une dernière fois crié : « Vive l'anarchie!... » et quand sa tête fut tombée dans le panier, tout ce joli monde, enchanté de la représentation, regagna ses voitures.

Le député Duthil, pour faire le malin, présenta Silviane à la petite princesse ; mais les choses ne tournèrent pas positivement comme il l'eût désiré. Les deux toupies, qui depuis longtemps brûlaient de faire connaissance, se sachant mutuellement les goûts... enfin... des goûts... (pour les détails, consulter les œuvres du divin chantre de JO et LO); les deux toupies, disions-nous, se jetèrent dans les bras l'une de l'autre et partirent ensemble dans la même voiture, à la grande déconvenue de Duthil, « qui avait caressé le désir de ramener Silviane chez elle pour tâcher d'être récompensé de son obligeance » (sic), car il l'avait trimbalée chez tous les mastroquets de la place de la Roquette pour lui faire voir ce spectacle délicieux d'un homme qu'on coupe en deux.

Guillaume et Pierre revinrent tristement chez

aux à pied. Leur conversation ne fut pas précisé
ment gaie. Cependant, comme ils gravissaient l
Butte, ils aperçurent la basilique du Sacré-Cœur
« souveraine et triomphale. » (Sic.) « Elle éta
« en or, et orgueilleuse et victorieuse, flambant
« de gloire immortelle. » (Sic.)

Guillaume, muet et l'air de mauvaise humeur
la regarda de travers, cette basilique insolent
« Il avait en lui le dernier regard de Salvat.
(Sic.)

« Il parut soudain conclure, prendre une déc
« sion dernière. Et il la regarda de ses yeux bri
« lants; il la condamna. » (Sic.)

Quoique nous nous doutions bien un peu à quo
un savant chimiste, qui a à sa disposition de
explosifs épatants, peut bien « condamner » un
basilique qu'il regarde de travers, nous ne voulon
pas avoir l'air de rien deviner de ce que l'auteu
du merveilleux livre que nous avons l'honneur d
téléphoner en raccourci nous fait pendre devant l
nez à des distances considérables et surtout pen
dant des temps infinis. Mais nous croyons pouvoir
sans manquer à notre devoir professionnel d'ana
liste, dire combien nous semble légitime le mou
vement de rage de Guillaume en voyant cett
grande drogue de basilique du Sacré-Cœur domi
nant Paris, — ville de l'intelligence, dit-on, —ave
une insolence qui pousse quelquefois les âmes le
plus douces à caresser le rêve voluptueux qu
peut-être un Etna quelconque, depuis longtemp

assoupi, repose sous cette butte au faîte de laquelle
crâne si audacieusement ce temple de l'imbécillité,
et se remettra un de ces jours à en éternuer les
moellons à des hauteurs vertigineuses.

Nous, nous n'allons pas jusqu'à souhaiter que
Guillaume, en « condamnant » cette basilique, ait
formé le projet de remplacer l'Etna en question
par le formidable explosif de son invention. Non...
D'abord, ça dérangerait peut-être beaucoup de
nids de pierrots qui ne sont coupables de rien. Et
puis, puisque la dépense est faite, on pourrait
tout simplement utiliser cette basilique en en faisant une grande école nationale de gymnastique.
Il n'y aurait, en somme, de changé que ceci : Les
jeunes générations futures iraient s'y former le
corps au lieu d'aller s'y déformer l'esprit.

— Allô !... Allô !... Pardon, chers téléphore-pon-
dants, pour cette digression saugrenue... Nous
continuons.

II

Nous sommes à l'église de la Madeleine, et nous
assistons au mariage de Gérard de Quinsac et de
la mauvaise petite bossue Camille Duvillard. Là
comme partout, nous nous retrouvons avec les
Duthil, les Massot, les Fonsègue, etc., etc.

Camille est radieuse d'avoir soufflé son amoureux à sa mère. Gérard a l'air de s'embêter comme
une bobine roulée sans une commode. De temps

en temps, il regarde furtivement sa montre; l'aiguille est sur midi. et le beau vidé pense avec une certaine mélancolie inquiète :

— Dans douze heures, elle y sera encore, elle!...

Quant à la baronne Duvillard, elle fait l'inimaginable pour se composer une tête de mère heureuse et souriante; mais de la perte de son amant, elle souffre à elle seule plus que ne souffriraient ensemble deux femmes de vingt-trois ans. C'est, du reste, généralement ainsi que souffrent les femmes inassouvies de quarante-six.

Cependant, courageuse, elle a résolu de s'étourdir en se vouant à l'œuvre des Invalides du Travail. dont elle est, comme on le sait, la présidente. Elle voudrait se faire aider par l'abbé Pierre, et elle s'ouvre de ce projet à Mgr Martha après la cérémonie.

Mgr Martha lui apprend que Pierre n'est plus prêtre et qu'on « *le rencontre maintenant en* « *veston et en pantalon, pédalant au Bois avec* « *une créature...* » (Sic.)

La baronne en demeure aplatie. Un jeune prêtre de vingt-six ans, revenant de bonne volonté aux femmes juste au moment où une vieille noceuse de quarante-six ans revient de force à la vertu!... Elle en restait suffoquée.

Après le lunch qui avait lieu dans l'hôtel Duvillard, nous assistons aux adieux de famille; et combien touchants!...

L'esthète Hyacinthe, furieux à la pensée que sa

sœur allait peut-être faire un enfant, lui dit
méchamment au revoir en lui annonçant que « son
« *Gérard qu'elle mangeait des yeux, sa mère ne*
« *manquerait pas de le lui reprendre à son*
« *retour* ». (*Sic.*) A quoi la petite bossue répondit
en rageant « *qu'elle la tuerait plutôt* ». (*Sic.*)

Puis la mère et la fille se firent également leurs
adieux d'un ton à peine poli ; mais « *leurs voix*
« *tremblaient, leurs regards se croisaient avec*
« *des lueurs de glaive* » (*sic*), qu'il était assez
facile de traduire ainsi :

— Bon voyage, sale traînée !...
— Au plaisir, vieille guenon !...

C'est beau, la famille.

Le soir, tout ce joli monde — moins les mariés,
qui avaient une autre première — se trouvait
réuni au Théâtre-Français, où Silviane, grâce au
changement de ministère, débutait enfin dans le
rôle de Pauline de *Polyeucte.*

Elle y fut infecte de bêtise, prenant le rôle tout
à l'envers ; mais elle était d'une telle audace dans
son effronterie de grue et si insolemment belle
dans son ineptie, que, le snobisme et le dévergon-
dage d'une salle de ratés et de salopes aidant, elle
eut un succès énorme et fut acclamée.

Après ce triomphe, le rideau baissé sur le dernier acte, le vieux baron Duvillard se précipita
dans les coulisses « *pour aller prendre Silviane* ».
(*Sic.*)

Nos lecteurs, nous l'espérons, ne sont pas assez

vertueux pour avoir oublié que Silviane avait n
le vieux gaga à pied depuis pas mal de temps
lui avait dit à différentes reprises, quand elle
voyait les oreilles devenir un peu rouges :

— Non, mon cher... Pas ça... pas ça... tant q
je n'aurai pas débuté à la Comédie-Française
(Sic.)

aturellement, le début venant d'avoir lieu
d'avoir lieu brillamment, le vieux baron, tout
gaillardi, se disait, en parcourant les couloirs
conduisaient à la loge de Silviane :

— C'est égal, Dauvergne est tout de même
aigue !...

Dauvergne était le nouveau ministre des Bea
Arts qui avait signé la nomination de Silviane.

Mais, hélas !... encore cette fois le pauvre ba
pouvait se fouiller.

Silviane se laissa reconduire par le baron j
qu'à sa voiture ; et au moment où il montait su
marche-pied pour s'installer près d'elle, Silvi
le repoussa en lui disant:

« — Non, mon cher, pas ce soir, j'ai une ami
(Sic.)

En effet, Silviane avait pris rendez-vous c
elle avec la petite princesse de Harn, que Hyac
the lui avait amenée dans sa loge, entre deux act
Les deux femmes, qui décidément se convenaie
avaient causé un instant, « la bouche presque s
« la bouche » (sic), et il avait été convenu qu'e
se retrouveraient à la sortie du théâtre.

Hyacinthe, lui, était heureux comme tout de cette aventure Jo-et-Loesque. Voir son père laissé e planton devant la porte d'une chambre dans laquelle deux gadoues faisaient des saletés ensemble, était bien ce qui pouvait arriver de plus joyeux à ce jeune et faisandé détritus.

III

Depuis l'exécution de Salvat, Guillaume était très morne. Il passait tout son temps à fabriquer es provisions de cette fameuse poudre explosible l'aide de laquelle il se promettait de sauver — e pas entendre : sauter) – le monde.

Pierre était inquiet de ce mutisme et de cette roduction exagérée d'une substance d'un débit si éatoire. Ce fut bien autre chose lorsqu'un matin vit Guillaume sortir presque clandestinement chez lui avec une valise très lourde. Il devina le c'était de la fameuse poudre et questionna son ère, lui demandant s'il allait prochainement, mme il l'avait annoncé, remettre son engin au inistère de la Guerre. Son désappointement fut and quand Guillaume lui répondit d'un ton très rme et très tranquille :

« — *Non, j'y ai renoncé, j'ai une autre idée.* »
c.)

Pierre n'osa pas insister, mais il se dit :

— S'il n'offre pas au Ministère de la Guerre une udre dont 125 grammes, dit-il, peuvent faire sauter le Trocadéro, à quoi, à qui diable peut-il bien la destiner?... Je ne vois vraiment pas qui pourrait utiliser ce produit... à moins qu'il n'ait l'intention de le proposer à M. Van Houten pour remplacer les 2.82 pour cent de potasse supplémentaire au moyen de laquelle cet honorable industriel rend son cacao plus PUR...

IV

Pierre ne tarda pas à être fixé sur les desseins de son frère. Une grande cérémonie : une bénédiction solennelle du Saint-Sacrement se préparait pour ce jour-là à quatre heures à la basilique du Sacré-Cœur, qui devait à cette occasion réunir dix mille pèlerins.

Comme Pierre entrait le matin dans le grand atelier, il entendit Mère-grand et Guillaume causer tout bas de choses qui lui semblaient un peu louches. Il se cacha derrière un meuble et écouta, non toutefois sans se dire : Ce n'est tout de même pas très roublard, quand on doit avoir des conversations pareilles, de ne pas pousser le verrou.

Au bout de cinq minutes, Pierre fut fixé. Guillaume avait décidé de faire sauter quelque chose avec sa poudre et de s'ensevelir sous ce quelque chose. Lequel quelque chose Pierre devina assez vite, ayant vu Guillaume rôder autour du Sacré-Cœur et même entrer dans les caves sous prétexte de curiosité.

Au déjeuner de famille, personne ne s'aperçut de rien ; Guillaume était gai, Mère-grand, pas plus embêtante que d'habitude, Pierre essayait de ne rien laisser voir de ce qu'il avait surpris.

A trois heures, Guillaume partit tranquillement, comme s'il allait chercher du tabac, en disant à peine au revoir à tous les siens.

Pierre le suivit en sournois, et, comme il s'y attendait, le vit descendre par un petit escalier très raide dans les fondations du Sacré-Cœur.

Pierre descendit également à pas de loup. Il vit son frère allumer une bougie, tirer sa montre et regarder l'heure. Il était trois heures cinq : Guillaume s'assit sur une pierre ; il avait cinquante-cinq minutes devant lui, ne voulant opérer qu'à quatre heures précises, heure à laquelle les dix mille pèlerins devaient se trouver réunis dans l'édifice. La basilique vide, ça manquerait de gaieté.

Pierre jugea le moment venu de se montrer. Il pensait : Cinquante-cinq minutes, c'est long à passer tout seul ; et puis, un homme qui est arrivé à se prouver à lui-même qu'il n'y a pas d'autre moyen de régénérer le monde que de faire sauter une basilique avec dix mille pèlerins dedans, doit avoir une masse de bêtises à dire ; c'est un vrai service à lui rendre que de ne pas l'exposer à être obligé de se les dire à lui-même, d'autant plus qu'il les connaît par cœur et que ça l'embêterait. Allons-y !...

L'explication entre les deux frères fut longue,
mais stupide. Guillaume commença par bien déclarer à Pierre que tout ce qu'il pourrait lui dire
ne changerait rien à sa résolution. Puis il lui
expliqua comment l'idée de faire sauter le Sacré-
Cœur lui était venue. « *Il avait longtemps hésité*
« *sur le choix du monument qu'il détruirait.* »
(Sic.) Il avait d'abord pensé à l'Opéra, puis à la
Bourse, puis au Palais de Justice, puis à l'Arc de
Triomphe. L'Arc de Triomphe surtout l'avait beaucoup tenté ; mais il avait dû y renoncer, « *les*
« *approches étant impossibles, il n'y avait ni*
« *sous-sol ni cave.* » (Sic.)

— Eh bien !... et le théâtre des Menus-menus-
plaisirs ? hasarda Pierre.

— Oh !... fit Guillaume avec une moue de dédain,
il n'y a jamais personne !...

Alors il expliqua qu'il s'était décidé pour la
basilique du Sacré-Cœur ; c'était plus près de chez
lui, ça faisait moins de dérangement, et c'était une
économie d'omnibus.

Pierre sentit qu'il se heurtait à une résolution
invincible. « *Il essaya néanmoins de réveiller en*
« *Guillaume l'orgueil du savant* » (sic), en lui
disant que lui, mort, sa grande découverte qui
devait sauver le monde serait perdue.

— Pas du tout !... répondit Guillaume, j'ai tout
prévu. Dès que je vais être mort, Mère-grand, qui
a mes instructions, « *fera parvenir à chaque*
« *grande puissance la formule de l'explosif et les*

« *dessins de la bombe et du canon* » (*sic*); alors toute guerre deviendra impossible.

Pierre, ahuri, ne pensa pas à répondre à son frère :

— Mais, grand serin, quand tous les peuples auront ta formule, ils se tiendront peut-être tranquilles pendant quelques instants, le temps de la perfectionner et d'en tirer quelque chose de mieux encore que toi ; car, tu le sais bien, la science n'a jamais fini. Alors, il se trouvera une puissance plus maligne que les autres qui perfectionnera ton engin et ta poudre, et qui tombera sur le dos des autres qui n'auront rien perfectionné du tout. Et ce sera la guerre tout de même.

Mais tout ce qu'il aurait pu dire et rien eût été absolument la même chose. Guillaume était buté à cette idée qu'il n'y avait qu'un seul moyen de faire comprendre aux peuples l'inutilité de la guerre, c'était de faire sauter une église avec dix mille personnes dedans. Il ne sortait pas de là.

Il regarda sa montre : il était quatre heures moins dix, et le bout de bougie qui devait servir à mettre le feu diminuait ferme. Il dit à Pierre :

— Voilà l'heure... Va-t'en !

— Non ! dit Pierre résolument, « *je t'empêcherai* « *tant que je serai là vivant.* » (*Sic.*)

Alors Guillaume ne fit ni une ni deux.

« — *Tant que tu seras vivant ?* » dit-il, en ramassant une grosse brique par terre ; « *eh bien, meurs* « *donc, misérable frère !* » (*Sic.*)

Et il lui flanqua sa brique sur la tête.

Heureusement, — ou malheureusement, peut-on savoir au juste ? — le bras de Guillaume dévia, et Pierre, atteint à l'épaule, ne fut qu'abasourdi.

Alors Guillaume se mit à pleurer comme un veau en embrassant son frère.

A ce moment, la bougie s'éteignit. Guillaume fut consterné.

Plus moyen de mettre le feu à la poudre qui était là dans le trou béant devant eux.

— As-tu une allumette sur toi? dit-il à Pierre, avec une lueur d'espoir.

— Oui, répondit Pierre, mais de la régie!...

— Alors tout est perdu!... dit Guillaume en s'effondrant dans les bras de Pierre, qui, « *à tâtons « l'emmena comme un enfant.* » (Sic.)

Pendant ce temps, tout le monde travaillait tranquillement dans le grand atelier de Guillaume. Mère-grand, seule dans le terrible secret, tricotait tranquillement des bas en regardant l'heure à l'horloge, guettant l'aiguille qui approchait de quatre heures.

Quoiqu'ils ne sussent rien, Marie et les trois fils avaient comme un pressentiment d'un grand événement. Un ange Gabriel, dans le genre de celui de Mlle Couesdon, leur travaillait les reins.

Quatre heures sonnèrent. Mère-grand se leva frémissante et dit enfin à haute voix : « *Le père « va mourir!* » (Sic.)

— Nous nous en doutions!... répondirent ensemble les trois frères et Marie.

A ce moment, Guillaume et Pierre rentrèrent.

— Tiens! comme c'est drôle! se dit tout le monde.

On ne leur demanda aucune explication, ils ne dirent pas un mot, et tout le monde se remit à travailler : Marie à broder, Mère-grand à ravauder ses bas, Thomas à son étau, François à son livre, Antoine à son burin.

Le soir, comme Guillaume et Pierre étaient restés seuls, ne parlant pas du tout de ce qui s'était passé dans la journée, Janzen, l'anarchiste cosmopolite, entra chez eux. Il venait leur annoncer qu'il partait pour l'Etranger, et leur apprit qu'une bombe anarchiste avait été lancée la veille dans le café de l'Univers sur le boulevard, qu'il y avait trois bourgeois de tués et que l'auteur du crime, le petit Victor Mathis avait été arrêté.

Justement quand Janzen annonça cette nouvelle, la mère de Mathis se trouvait là. Il ne l'avait pas vue. Elle tomba anéantie pendant que Guillaume pensait :

— Trois bourgeois d'éventrés !.. Peuh !... en voilà un explosif !... c'est de la camelote !... Si Pierre m'avait laissé faire dans les sous-sols du Sacré-Cœur !... au moins on aurait vu quelque chose qui en valait la peine !...

Quinze mois se sont écoulés. **Nous sommes chez** Guillaume ; la famille est au complet — plus un ! — car Pierre et Marie se sont mariés, ils habitent Montmartre et ont un bébé de quatre mois que Marie allaite elle-même et que Mère-grand pèse tous les matins. — Ce jour-là il a encore « *augmenté de cent grammes* ». (*Sic*).

Pierre, Guillaume, les trois fils, tout ce monde travaille tranquillement.

Du lot de poudre explosive qui est resté sous le Sacré-Cœur depuis quinze mois, plus question du tout.

Seulement, Guillaume a eu une idée grandiose : Ayant renoncé à se servir de son terrible explosif pour régénérer le monde en le faisant sauter, il s'est souvenu qu'Antoine son fils travaillait depuis longtemps, comme nous l'avons vu d'ailleurs, à un nouveau moteur pour bicyclettes, et il a eu « *la brusque inspiration de l'employer comme force motrice et de le substituer au pétrole* ». (Sic).

C'était bien encore un moyen de faire sauter dix mille personnes, comme l'avait d'abord projeté Guillaume, mais en détail et en plein air, ce qui est plus gai.

Au moment où se termine ce livre, le savant chimiste Bertheroy entre chez Guillaume. Il assiste dans le ravissement aux premiers essais du fameux moteur au sublimé de picrate. Il exprime

son enthousiasme pour cette admirable découverte
en disant à Guillaume :

— C'est sublime!... Mais vous auriez peut-être
pu faire quelque chose de plus grandiose encore
avec cet explosif que vous aviez destiné à refaire
l'humanité.

— Quoi donc? dit Guillaume, un peu froissé
dans son orgueil de savant.

— Dame!... c'était tout indiqué... Un petit moteur populaire à vingt-neuf sous pour moudre le
café et repasser les couteaux sans fatigue!... Quel
succès à la *Ménagère*!

FIN

RÉSUMÉ

Pour les gens encore plus pressés.

L'abbé Pierre, que nous avons vu dégoûté des saletés de Lourdes et des canailleries de Rome, est revenu à Paris, bien décidé à fonder une religion nouvelle. Il jette sa soutane au tout à l'égout, se met à faire de la bicyclette, se réconcilie avec son frère Guillaume, savant chimiste, honnête homme et libre-penseur, lui chipe sa fiancée qu'il épouse et lui fait un neveu.

Pendant ce temps-là, Guillaume, qui a inventé un explosif monstre, lequel doit faire la France maîtresse du monde entier et lui permettre de rétablir partout la justice, réfléchit et décide de faire sauter la basilique du Sacré-Cœur avec 10,000 pèlerins dedans, seul moyen, il en est devenu bien convaincu, d'apaiser les haines et de convaincre les masses de l'utilité de l'impôt sur le revenu.

Ayant réfléchi de nouveau, il renonce à ce projet, et, voyant la question sociale tout à fait de haut cette fois, il décide qu'il utilisera son explosif à la fabrication d'un petit moteur de la force de vingt-cinq hannetons pour battre les cartes dans les cercles et recoudre les boutons de chemises.

Encadrant cette action des plus captivantes, une

foule de fripouilles des deux... et même des trois
sexes : gros financiers, députés vendus, journa-
listes à vendre, catins pour femmes, maquereaux
pour hommes, etc., etc... Enfin, tout le Paris des
premières.

Intérêt du roman? Pas très épais.

Portée de l'œuvre? Très grande, à notre avis,
comme celle de toute œuvre qui force à penser. Et
celle-là en est une.

Elle expose, par des tableaux d'une vigueur et
d'une vérité admirables, la situation alarmante et
pleine de menaces d'un état social injuste, cruel,
scandaleux, au bout duquel — et le bout n'est pas
loin — nous attendent fatalement la violence,
l'explosion.

Dire de telles vérités, aussi dures qu'elles puissent paraître aux exploiteurs qu'elles cinglent et
aux mous qu'elles effraient, est une belle tâche.
Tous nos compliments.

Allô! allô!... Chers téléphorespondants, nous
avons fini et nous vous saluons. — A une autre
fois.

———————

— Allô! allô!... Vous dites, cher téléphorespondant?... Ah! oui... nous comprenons... Vous nous
demandez ce qu'est devenu le gros paquet d'explosif
que Guillaume a mis dans un trou, sous la basilique du Sacré-Cœur, et auquel il est parti sans
mettre le feu... Allô! allô!... Mais, cher télépho-

respondant, nous n'en saurons rien du tout. L'explosif est resté dans le trou. Et puis, qu'est-ce que cela peut vous faire?... Ne vous occupez pas de ça... Un jour ou l'autre, ça servira... Un fumeur distrait... une allumette... Il ne faut jamais désespérer... Allô! allô!... Au revoir, cher téléphorespondant.

www.ingramcontent.com/pod-product-compliance
Lightning Source LLC
Chambersburg PA
CBHW051732090426
42738CB00010B/2212